ウクライナ侵攻と世界

岐路に立つ国際秩序

一般財団法人
国際経済連携推進センター 編

産經新聞出版

はじめに

　「分断」「断絶」「格差」あるいは「不確実性」といった言葉が盛んに口にされる今日、世界は混迷状態に陥っている。東西冷戦が終焉してから30余年、平和とグローバル化のもとでヒト、モノ、カネ、さらに情報が国境を越えて活発に流通してきた。しかし、中国と米国との経済戦争が各国を巻き込むデカップリングと新手の保護貿易主義を台頭させる中で、2022年2月24日のロシアによるウクライナ侵攻により、大国と大国が戦争する時代が再来しつつある。

　私の手元に「国家」を論じた二つの本がある。『国家の退場』と『政府は巨大化する』である。前者はスーザン・ストレンジによる1996年（邦訳は2011年）の著作で、国境が低くなったグローバル経済の中で「市場」の力が強まる一方「国家」は弱まり、両者のパワーバランスが逆転したと論じている。後者はマーク・ロビンソンによる2020年（邦訳は2022年）の著作で、小さな政府の時代が終わり「国家（政府）」は巨大化しだしたと論ずる。

　この四半世紀の間に、「国家」をめぐる様相は一変した。ロビンソンの著書は主に人口高齢化、地球温暖化、コロナ禍を含む医療問題、インフラ不足などによる国家財政の急膨張、と財政の面から国家の巨大化を論じるが、最近の米中対立に見られるのは、いわゆるエコノミック・ステイトクラフト（ES、軍事的な手段ではなく経済的な手段による国益の追求、政治的な目的達成）の台頭だ。いったん退場しかけた「国家」が再び力を強め、国境の垣根を高め、世界の分断を加速している。ウクライナに侵攻したロシアは軍事行動だけでなくエネルギーや食糧を「武

1

器」として利用し始めている。

　貿易政策、産業政策においては、1980年代の日本と米国の経済摩擦の時代に米国は日本の「戦略的貿易政策」を批判したが、いまでは米国も中国も特定産業・技術を政府が意欲的に支援、強化しようとするあからさまな戦略的産業・貿易政策を展開している。

　また、今日、民主主義のありかたが問われ、強権的、専制的な指導者、国家が増えている。1991年にソ連が崩壊し、冷戦が終結してから民主主義、自由経済が平和と繁栄をもたらすとの夢が生まれ旧東側諸国の多くが民主主義、自由経済に傾斜した。しかし、現実に生まれたものは、国家間、地域間、階層間の格差の拡大だった。

　民主主義のリーダーだった米国はリーマンショックが象徴するように国力が低下、世界における求心力を弱めるとともに、連邦議会議事堂乱入事件などで民主主義の劣化をさらけ出した。

　スウェーデンの調査機関の分析によると世界に民主主義国・地域が87なのに対して非民主主義国・地域が92となり（2019年）、18年ぶりに民主主義が少数派となった。世界人口の71％が「独裁」に分類される国に住むとの分析もある。また、ポピュリズム（大衆迎合主義）が高まり、米国のブリッジウォーター・アソシエーツによる世界のポピュリズム指数（図）は2017年ごろから急上昇し、1930年代の大恐慌、第二

図　先進国ポピュリズム指数

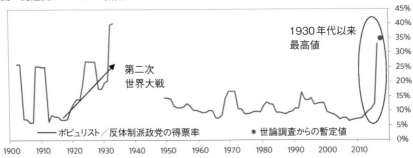

次世界大戦当時に近づいた。それも世界の混迷を示唆する。

　国際経済連携推進センターは、様々な事業を通して第一線で活躍される各分野の専門家を招き、そうした混迷する世界の状況を多面的に分析、共有してきた。長期化しつつあるロシア・ウクライナ戦争を中心にして今後の国際秩序、中国、アジアの動向、日本の課題などについても分析した。テレビなどでは、ロシア・ウクライナ戦争の報道は日々の戦局報道に偏りがちだが、私たちはより長期的な視点で今後の国際秩序と各国の選択を探った。

　世界の混迷、ボラティリティはウクライナ問題だけでなくコロナ禍、サプライチェーンの分断問題、技術パラダイムの急激な転換、さらに地球環境をめぐる問題などによって増幅されている。いずれも一過性の問題ではない。また相互に関連する要素も多い。混迷の状況はロシア・ウクライナ戦争で新たに生まれた側面もあるが、この戦争以前から存在し、進行していた構造的な潮流、変化が加速、増幅されていることも忘れてはならない。

　例えば地球温暖化問題ではロシアがエネルギーを「武器」として使っていることもあり、一時は"座礁資産"とまで言われた石炭の利用が急増し、2015年のパリ協定の目指す温室効果ガス排出量の削減目標の実現は極めて難しくなり、気候変動問題は一層深刻になりつつある。

　なお、地球環境問題に関してはパリ協定よりはるかに遡り、1989年に故ピーター・ドラッカーがその著『新しい現実[2]』でソ連の崩壊を洞察するとともに、一章を設け深く分析、警鐘をならしている。若干引用してみたい。

　　「われわれは、未だに、人類とは別の、人類から切り離された何ものかを守るという意味において、環境保護と言う言葉を使っている。しかし、今日危機にさらされているのは、人類そのものの生存条件である」。

「今日における自然の脅威（筆者補足：洪水、台風、流行病など）は相変わらず強大である」。「ところが今世紀、はじめて、自然を人類から守る必要が出てきた」。「人類の生存環境たる生態系の破壊の防止は、人類共通の課題である」。

「生態系の問題を個々の国の問題として扱うことは不毛である」。

「環境保護には、生態系にかかわる国際法が必要である」。

世界の混迷は様々な問題が関連しあって生じている。また多くの問題は一時的なものではなく、構造的、永続的なものであり、さらに一国では対応できないものである。したがって、問題を観察する際に長期的視点、多面的な視点、包括的な視点が肝心である。

本書を、そうした視点を重視しながら時代を読み、対応するうえで参考にしていただければ幸いである。

一般財団法人 国際経済連携推進センター 理事長

小 島　 明

小島 明（こじま・あきら）
一般財団法人 国際経済連携推進センター 理事長。
ジャーナリスト、国際経済学者。日本経済新聞社ニューヨーク支局長、編集委員、論説委員、常務取締役論説主幹、専務取締役論説担当、公益社団法人 日本経済研究センター会長。政策研究大学院大学理事、客員教授。2019年より国際経済連携推進センター理事長。
ボーン・上田記念国際記者賞、日本記者クラブ賞受賞。主な著作に『「日本経済」はどこへ行くのか①②』（平凡社、2013年）など。

1）2017年3月22日　Bridgewater Daily Observations
　https://economicprinciples.org/downloads/bw-populism-the-phenomenon.pdf
2）ピーター・F・ドラッカー著『新しい現実』（上田惇生、佐々木実智男訳、ダイヤモンド社、1989年）。

●本書は、一般財団法人 国際経済連携推進センターのホームページに掲載された連載「ロシア ウクライナ侵攻と今後の世界」に一部加筆・修正を施したものに加え、本書のために新たに書き下ろされた内容で構成されている。

目　　次

はじめに
小島　明 —————————————————————— 1

第1章　加速される国際秩序の流動化

ウクライナ戦争をめぐる国際政治の文脈
中西　寛 —————————————————————— 10

中国の目指す国際秩序と不測の事態
―米中対立・新型肺炎・ウクライナ戦争―
川島　真 —————————————————————— 18

ロシアのウクライナ侵略が変える国際秩序：
アメリカの視点から
前嶋和弘 —————————————————————— 26

ウクライナ侵攻と今後のエネルギー政策を考える
竹内純子 —————————————————————— 34

第2章　二極化、デカップリングは進むのか

中国からみたロシア・ウクライナ紛争と
それにかかわる地政学リスク
柯　隆 ——————————————————————— 44

西側価値観がGゼロの試練を乗り越えるには
津上俊哉 —————————————————————— 54

経済安全保障からみたロシア・ウクライナ戦争
長谷川将規 ————————————————————— 62

日本はデカップリングを早まるな
丸川知雄 —————————————————————— 70

第3章　変わるパワーバランス

ウクライナ侵攻と中露関係
廣瀬陽子 ──────────── 78

構造的変容を強いられる朝鮮半島
平岩俊司 ──────────── 86

台湾から見るウクライナ戦争の教訓
小笠原欣幸 ──────────── 93

第4章　それでも中立の立場をとる国々

ユダヤ人大統領のユダヤ国家批判
高橋和夫 ──────────── 104

インドとロシアの戦略的関係のゆくえ
伊藤　融 ──────────── 109

世界は二分されていくのか
大庭三枝 ──────────── 115

第5章　ロシアは何を誤ったのか

2度のウクライナ危機におけるEUとNATOの要因
服部倫卓 ──────────── 124

プーチン・ロシアのウクライナ侵攻が意味するもの
倉井高志 ──────────── 135

代理戦争としてのウクライナ戦争
秋元千明 ──────────── 158

第6章　CFIEC国際情勢ウェビナー
　　　　「ウクライナ危機後の米中関係—その変化と展望」
　久保文明 × 高原明生 × 香田洋二 ————————————172

第 **1** 章

加速される
国際秩序の流動化

ウクライナ戦争をめぐる国際政治の文脈

京都大学大学院 教授

中 西 　 寛

中西 寛〔なかにし・ひろし〕
京都大学大学院 法学研究科 教授。
1962年大阪府生まれ。京都大学法学部卒、京都大学大学院法学研究科、シカゴ
大学歴史学部大学院を経て1991年京都大学法学部助教授、2002年から京都大学
大学院法学研究科教授。2016〜18年京都大学公共政策大学院長。法学修士。
専門は国際政治学、特に20世紀国際政治史、安全保障論、日本外交論を中心に研究。
ロンドン大学政治経済校（LSE）、オーストラリア国立大学にて研究員。主な学外委員
として、「安全保障の法的基盤に関する懇談会」委員（2006〜07年、2013〜14
年）、日本国際政治学会理事長（2014〜16年）など。
主要著作『国際政治とは何か—地球社会における人間と秩序』（中公新書、第4回
読売吉野作造賞受賞）、『歴史の桎梏を越えて—20世紀日中関係への新視点』（共
編著、千倉書房、第27回大平正芳記念賞特別賞受賞）、『高坂正堯と戦後日本』（共
編著、中央公論新社）、『国際政治学』（共著、有斐閣）など。

　2月24日、ロシアのプーチン大統領が「特別軍事作戦」と称するウク
ライナへの軍事侵攻を開始したことで世界が変わった、という認識が一
般的である。たしかに日本を含めた西側諸国では、この事態をきっかけ
に対外政策は大きく転換し、対ロシア政策が大きな比重を占めるように
なった。政治においては人びとの認識はそれ自体が政治的現実の一部で
ある。その意味では「2月24日の前と後では世界が変わった」という認
識が多くの人びとによって共有されていれば、それは現在の政治的現実
の一部をなしている。

　とはいえ、人びとの認識するところ、意識界の世界が政治の全てでは
ないのもまた事実である。政治は人びとの意識の奥底にある無意識や、

個々の人間の意志を離れた要素が作用し、規定する側面がある。そのような要素を総体として基底的構造と呼ぶとすると、基底的構造と人間意識のずれを含めた全体が政治を形作ることになる。

　このような点を明確にしておくことは、現在のように不確実性が高い状況下で未来に向けた可能性を理解する上ではとりわけ重要なことである。戦争に関しては日々情報がもたらされ、我々の意識はそれによって左右される。しかし同時に戦争には、人びとの意識を離れた基底的構造の動きがあり、それが戦争の結果とその後を左右する面ももちろんあるのである。

　そのような基底的構造について振り返ると、2020年初から始まった新型コロナによる世界的影響について改めて考えざるを得ない。この21世紀最初の本格的なパンデミック（2022年8月中旬の段階で世界で約650万人の命を奪ったとされるが、もちろん正確な数字は分からない）によって世界中で社会経済活動が大きく制限され、人流、物流は突如、予想外の規模で停止し分断されることになった。

　このコロナ・パンデミックの影響は一般的に「加速」であったと言われる。つまりコロナ禍以前にすでに存在していた変化、趨勢を急激に推し進めたということである。そのような加速の結果、国際政治に大きな影響を及ぼす事になった事象を3つ取り上げることができる。

　第一は、2020年6月に北京の全国人民代表者会議（全人代）常任委員会で決定された香港国家安全維持法である。当時、徹底したゼロ・コロナ政策で中国国内でのコロナ流行押さえ込みに自信を深めていた習近平政権は、香港における治安強化を香港の意思表明抜きに実行したのである。前年2019年には香港当局が提案した容疑者引き渡し条例案に対して香港の民主活動家が激しい抗議を繰り広げ、条例案は撤回された。しかしコロナ禍の中で感染対策を理由に集会などを取り締まる名目が立つことになり、中国は香港の治安機能を北京政府の統制下に置く変更を一

方的かつ短期間に実現したのである。この後、香港当局は民主化勢力の徹底した抑圧に成功した。曲がりなりにも旧宗主国イギリスとの間で了解されていた香港返還後50年間の「一国二制度」は形骸化され、有名無実と化した。

　この状況が最も影響したのが、中国・台湾のいわゆる両岸関係であった。そもそも「一国二制度」は台湾に向けての提案として表明されたものであり、香港での一国二制度のあり方は両岸関係の試金石としての意味を持っていた。しかし香港でこの制度が一方的に変更された事態は台湾世論の対中感情を大きく悪化させ、中国との政治的統合は台湾政治において現実性を失ってしまった。これは、両岸関係の安定と平和的な統一にコミットしてきたアメリカにとっても直接関わる事態であった。すでに中国を最大の脅威と見なし始めていたアメリカは、従来以上に踏み込んで台湾との関係強化を図るようになった。台湾の地位をめぐる曖昧さという米中の間にあったバッファー・ゾーンは大きく削られ、米中は直接対決に大きく踏み出したのである。

　第二の影響は、アメリカ政治の分断の深刻化である。もちろんこの状況もコロナ禍の前に十分に深刻化していた。しかしコロナ禍の中で行われた2020年大統領選挙は変則的なものとなり、その結果をめぐってアメリカは南北戦争以来の政治的分断に陥ることになった。

　実際、大統領選挙の結果はバイデン氏が8100万票あまり、トランプ氏が7400万票あまりでいずれも史上第1、2位の得票数を獲得した。その背景にはコロナ禍によって通常の投票が行えず、郵便投票を含む期日前投票制度が大幅に拡充され、結果的に史上最高の投票率となった。この大統領選挙の結果について、バイデン氏側に有利な選挙不正があったというのは根拠のない陰謀論に過ぎない。しかしコロナ対策で批判を浴び、さらに民主党に有利と言われる不在者投票が大幅に増えた中でもトランプ氏が史上第2位の得票数を獲得したことの意義は小さくない。コ

ロナ禍がなければトランプ氏が再選されていた可能性はかなり高く、その意味でトランプ氏はコロナによって再選を奪われたという見方はありうる。

　もちろん2021年1月6日に議会議事堂で起きた集団暴徒乱入事件と、それを後押ししたかに見えるトランプ氏の行動はアメリカ史に汚点として残るものであった。にもかかわらず、共和党支持者の多数派は2020年選挙の結果を正当なものと見ておらず、トランプ氏は共和党においては強い影響力を維持している。もはやアメリカの政治的分断は修復不可能な段階に達しつつある。

　バイデン政権が民主主義対権威主義といった図式に固執し、トランプ政権下で弱体化した西側同盟網の再強化を打ち出した背景には、こうした国内分断の影響を見てとれる。バイデン政権としては自らの支持層を固めるためにトランプ支持層を孤立化させることが必要であり、トランプ氏の権威主義的体質を民主主義への脅威と位置づけることが重視されている。その一方で「中間層のための外交」を打ち出し、環太平洋パートナーシップ協定（TPP）には背を向けたままである。もはや「強いアメリカ」や「世界の警察官」としてのアメリカは内政面でマイナスになっており、自ずと対外政策にも制約要因として働く。

　こうしたバイデン政権のジレンマが表れたのが、2021年8月のアフガニスタン撤退であろう。アメリカ世論は米軍撤退を歓迎しており、バイデンとしてはその実現を急いだ。しかしアメリカの姿勢は予想以上の急速なアフガニスタン政権の瓦解とタリバン勢力の侵攻をもたらし、同盟国とも調整不足に陥った。結果的にアフガニスタンからの撤退は混乱し、西側に協力してきた多数のアフガニスタン人をタリバン支配下に残すことになった。

　コロナ禍がもたらした第三の事態がロシアのウクライナへの侵攻である。この侵攻がプーチン大統領の決定の産物であることに間違いは無い

が、その決定過程の詳細は明らかになっていない。しかし直接ないし間接的な形でコロナ禍が今回の開戦決定に影響した可能性は十分あるだろう。一部では、プーチン大統領自身が感染対策を理由に人との面会を制限し、結果として偏った情報に基づいて戦争を始めたという見方がある。また、コロナ禍でヒト、モノの流通が停止する中でエネルギーや食料が比較的豊富なロシアの力を過信したのかも知れない。

　それ以上に、これまで述べてきた米中双方の変化はロシアの意思決定にも影響したであろう。香港での事態は中国と西側の関係を悪化させ、22年2月の北京オリンピックに対してアメリカはじめ複数の国が「外交的ボイコット」を仕掛けた。三期目を狙う重要な党大会の年に国際的孤立は習近平国家主席の威信の揺らぎにつながりかねず、北京五輪開会式への出席を決めたプーチン氏はことのほか厚遇された。対してアメリカはアフガニスタン撤退の状況を見ても国内が混乱しており、また中国を「唯一の戦略的競争相手」と位置づけて対中牽制政策を優先させるかのように思われた。

　こうした文脈の中でプーチンはウクライナと西側を切り離そうとして大規模な軍事演習で威圧し、NATOへのウクライナ加入否定や東欧での駐留撤退など西側に譲歩を迫ったが欧米はこれに応じなかった。どの段階でプーチンがウクライナ侵攻を決断したかは分からないが、開戦の決行が北京五輪閉幕直後に行われたことには中国に対する配慮が窺える。ウクライナの政権打倒を目指して首都キーウに対して大規模攻勢をかけたのは西側の反発の強さとウクライナのゼレンスキー政権の抵抗力の強さを見誤った誤算に基づく決定だったことはまず間違いないだろうが、その背景に3月4日の北京パラリンピック開始前に軍事作戦を終えてしまいたいという強い希望があった可能性もある。ベラルーシのルカシェンコ大統領が後に戦争がこれほど長期化することを予想していなかったと発言したのも、ロシアが短期戦を前提に意思決定したことを推測させる。

　しかし西側も戦争の長期化でジレンマに陥った。ウクライナでロシアと直接軍事的に対決する意思はなかったがウクライナの抵抗が想定以上に強く、ロシアの攻勢が稚拙だったために西側はウクライナへの軍事支援と同時にロシアへの大規模な経済制裁に乗り出すことになった。特に3月下旬、ロシアがウクライナ北部から撤退して東部戦線に転戦する過程でロシアの非人道的残虐行為が明らかになり、西側としては停戦仲介はできず、対ロシアへの完全勝利を目指すウクライナを支援することとなった。

　結果として起きたのはロシア経済を世界経済から切り離す分断であった。これはコロナ禍前からトランプ政権のアメリカ第一主義外交やイギリスのEU離脱で進行していた世界経済の分裂傾向を結果として加速したことになる。ロシアのエネルギーや食料・肥料などの一次産品を西側経済から切り離しただけでなく、有事には西側が経済関係を武器に使うことを世界に示す結果になった。このことは中国をはじめ世界各国が感じており、グローバリゼーションを促してきた西側が提供する公共財の信頼性は長期的に低下することになった。

　要するに今回のウクライナ戦争はプーチン大統領の開戦の決断をきっかけとして各国の、また人びとの世界認識を大きく変えたにせよ、それらの意識の底流には個々の人間の支配を超えた構造が作用していたと捉えることができる。後者の面では、コロナ禍が加速した国際秩序の分断、対立傾向が中国、アメリカなどにも作用しており、その集合的意思決定がウクライナ戦争にも影響したことが推定できる。

　こうした捉え方は今後の世界を展望する上でも有用だろう。戦争は直接的には当事者の意識的行為である以上、その結果を予測することには限界がある。この戦争が現状のウクライナ国内でのロシア・ウクライナ両軍が闘争を続けながらある段階で停戦を迎えるのか、それとも他国まで拡大し、最終的には世界規模の戦争へと到達するのか、それとも大き

な政治変動、とりわけプーチン大統領の権力喪失のような結果に帰結するのかは分からない。

にもかかわらず、以下の点は歴史の流れから言えるだろう。第一は、今回の戦争は、すでに浮上していた地球規模の国際政治の重心移動、すなわちインド太平洋地域の中心化に拍車をかける可能性が高いということである。戦争前にロシアは中国、次いでインドとの関係を従来以上に重視する方向を打ち出していたが、今回の戦争でその傾向はさらに強まるであろう。日本をはじめとするアジア太平洋諸国とNATO加盟国との連携も強まっており、これもインド太平洋への注目を高める効果を持っている。その意味で米中関係を軸としたインド太平洋地域の情勢が今後の世界情勢を左右する傾向はますます強まるだろう。

第二は、ヒト・モノ・カネの国境なき移動性を追求したグローバリゼーションの時代は終わりを迎え、政治と経済の相関関係がより重視される傾向である。そこには多様な政治的要請が含まれうる。一つには、日本で経済安全保障という概念が改めて注目を集めていることが示すように、国家安全保障の観点からテクノロジーの制御管理を重視する傾向である。こうした傾向はバイデン政権が最近打ち出したインド太平洋経済枠組み（IPEF）のような形での協力を含みつつ、世界経済のブロック化、陣営化の要素となる。

その一方で、コロナ禍が人類に及ぼした影響や、気候変動が人類に及ぼしつつある影響は有事にあっても消え去ることはない。自然と人類のあり方について適切な関係を取り結ぶ解決策を、技術革新を含めて見いださなければならないという意味でのグローバリゼーションの必要性は続き、ますます強まるであろう。今回の戦争で顕在化したエネルギー問題にしても、当面は資源確保の要請が前面に出るにしても将来の温暖化制御を念頭においた対応を考えざるを得ない。そしてエネルギーと温暖化対策で終わりではなく、生物多様性の変化など様々な課題に対しては

人類共通課題として対応する他ない。

　今回の戦争がどのような帰趨を辿ろうとも、人類文明が壊滅的な打撃を受けない限り、上記のような課題に答える世界秩序を構築することが国際社会の課題となるだろう。

（掲載日：2022年8月26日）

中国の目指す国際秩序と不測の事態
―米中対立・新型肺炎・ウクライナ戦争―

東京大学大学院 教授

川島　真

> 川島 真（かわしま・しん）
> 東京大学大学院 総合文化研究科 教授。
> 博士（文学、東京大学）。北海道大学法学部助教授、東京大学大学院総合文化研究科准教授を経て、2015年4月より現職。中曽根康弘世界平和研究所研究本部長代行、日本国際フォーラム上席研究員、日本学術会議連携会員、外務省外交記録公開推進委員会委員、内閣府公文書管理委員会委員などを兼任。専門は中国・台湾の政治外交史、国際関係史。
> 著書：『よくわかる 現代中国政治』（編著、ミネルヴァ書房、2020年）、『UP plusアフターコロナ時代の米中関係と世界秩序』（編著、東京大学出版会、2020年）、『中国のフロンティア』（岩波新書、2017年）、『21世紀の「中華」』（中央公論新社、2016年）他、多数。

習近平政権が想定した世界像

　2017年秋、習近平は第19回党大会において3時間半にわたる演説をおこない、「中華民族の偉大なる復興の夢」を掲げた。これは2049年の中華人民共和国の100周年に、アメリカに追いつき、追い越すことを事実上示していた。台湾の「解放」、すなわち台湾を併合、統一することもそこに含まれていた。そして、中間目標地点として2035年という年が設定されていた。これにより、当面はアメリカと中国という二大国がともに競いあう時代が想定されることになった。経済面では2030年前後にはGDPでアメリカに追いつくことは明らかであったが、軍事面、あるいは政治的な面などでは、依然30数年の時間が必要だと考えられ

ていたのである。

　この党大会に先立つ2014年の中国共産党中央外事工作会議で習近平政権としての対外政策がおよそ示されたようである。その内容は、2015年から16年にかけて次第に明らかになった。中国としては、世界が多極化に向かっている中で、アメリカと中国が二大極として競争していき、中国が最終的にはアメリカに追いつくことを想定しつつも、中国としてはアメリカと正面衝突しないように、諸問題を適切に処理し、相互に核心的利益を尊重し合う「新型大国関係」をアメリカとの間に築くことを企図していた。しかし、中国としてはアメリカを中心とする世界秩序に対しては挑戦していくことを明確にしていた。それによれば、アメリカの世界秩序は三つの要素に支えられており、それは第一に国際連合と国際法、第二にアメリカを中心にした安保ネットワーク、第三に民主主義や自由などの西洋の価値観だという。中国は、そのうち第二と第三の要素に反対し、第一の要素については、独自の解釈に基づきつつも、それを受け入れるという姿勢である。従って、日米安保にも、NATOにも反対することになるし、西側の民主主義は受け入れないということになる。中国としては先進国が主導する秩序では、もはや世界の諸問題に対処できないとし、中国が新興国や開発途上国を代表して世界の多数派の側に立って、もはや少数派となり旧勢力となった先進国に対峙するというイメージを有しているのだろう。ただ、それは決して陣営対立的なものではなく、中国は先進国とも経済面での相互依存を維持しつつ、アメリカに追いついていくということなのだと考えられる。

　具体的には、中国は国連憲章を重視し、その趣旨を体現するものとしての新型国際関係を提起した。これは経済に基づくウィンウィンな関係、そしてその関係に基づくパートナーシップを基礎とし、それが運命共同体に至るというものであり、デモクラティックピースならぬエコノミックピースとでも言える秩序観であった。その新型国際関係が体現する世

界を、中国は国際秩序と呼んでいる。アメリカや先進国の描く世界秩序とは異なる、ということを意味したのだろう。一帯一路は、その新型国際関係の実験場と位置付けられていた。

中国は実際に世界第二位へと躍進した経済の力を利用して世界との結びつきを強め、すでに世界のほとんど全ての国や地域が、中国を第一、第二、第三の貿易パートナーとしている。ブラジルなども中国を第一の貿易相手としている。この経済関係を軸にして、中国は具体的な、そして明文化されたパートナーシップ関係を世界各国と築いた。ただ、このパートナーシップには階層性があり、最も高位にあるのがロシアやパキスタンである。ただ、中国は1980年代初頭以来、独立自主の外交方針をとっているので同盟国は有していない。

米中対立という蹉跌

2012年に発足した習近平政権は、当初、オバマ政権との間で「新型大国関係」を築いていくかに見えた。しかし、オバマ政権末期に至り、中国が占領した南シナ海の南沙諸島の島々について軍事化はしないとか、政府に対するサイバー攻撃はしないとかいった中国との約束が、習近平政権によって破られたことなどを背景にして次第に米中関係は悪化していった。そして、2017年にトランプ政権が成立すると、中国との関税問題などが取り上げられ、米中関係は緊張した。そして、2017年秋の党大会で習近平が明確にアメリカへの挑戦を掲げ、2018年3月に中国政府が憲法を改正して国家主席の任期を撤廃すると、アメリカがそれまで採用していたエンゲージメント政策の見直しを進めた。トランプ政権の厳しい対中政策は包括的であり、貿易問題に限らず、軍事安全保障、技術、民主主義などの価値などその内容は多岐に亘り、また超党派的であり、かつ法律などにより制度化されていった。

　米中対立が先鋭化する中で、中国でも「新型大国関係」という言葉は次第に使われなくなっていった。2020年から世界に拡大した新型肺炎の下で米中間の対立は一層先鋭化し、感染源をめぐる問題や、香港や新疆ウイグル自治区をめぐる人権問題、台湾問題などが次第に深刻化していった。2021年にバイデン政権が成立すると、米中間の貿易問題は後退したものの、そのほかの問題は継承された。中国は、オバマ政権で副大統領であったバイデンに「新型大国関係」の復活を期待したが、それは実現しなかった。アメリカは中国とは「衝突しない」とし、「新型大国関係」と多少重なりのある言葉を用いながらも、「競争」を米中関係の基調とするとし、他方で「協力」も行うとしたのだった。軍事安全保障問題、先端技術をめぐる問題、民主主義や自由などの価値をめぐる問題、そして台湾問題などが米中間の「競争」の焦点となった。他方で、気候変動問題や一部の地域的な問題（北朝鮮問題、イラン問題など）は協力の対象となった。

　いずれにせよ、習近平政権が想定したアメリカとは新型大国関係を構築して2049年を目指すという政策は、アメリカからの厳しい対中政策に直面することになったのである。これは習近平政権の対外政策上、大きな「蹉跌」となったのである。

新型肺炎という課題／機会

　2019年末に武漢で感染が拡大した新型肺炎は、習近平政権にとっては予想外の試練であっただろう。第一に、中国は一面で国内の感染撲滅、感染拡大防止に努めつつ、さらにそれにより受けた経済ダメージからの回復が必要となった。中国はいわゆる「第一波」に対しては武漢の封鎖などにより成果をあげ、世界に先駆けて感染を抑え込むことに成功し、一旦は世界経済回復の牽引役として注目された。中国は、「成功者」と

して先進国のウィズコロナを批判し、自らのゼロコロナ政策こそ有効だとした。しかし、2022年に感染が沿岸部で再拡大すると、自らが肯定した「ゼロコロナ」を強引に遂行しようとして社会から強い反発を受け、また経済的にも大きな打撃を受けた。

　第二に、中国がそれまで展開していた対外政策が大きな制限を受けたことである。新型肺炎は、ヒト・モノ・カネ・情報のグローバル化のうち、特にヒトの移動を強く抑制することになった。これは、一帯一路によるインフラ建設に大きな影響を与え、数多くのプロジェクトが軌道修正を迫られた。だが、新型肺炎によってデジタル社会の重要性がさらに認知され、中国はデジタル・シルクロード建設を強く意識するようになった。

　第三に、国際社会から厳しい視線が向けられるようになったということである。アメリカからは発生源として疑義を呈され、また途上国を含め世界の多くの国や地域における対中感情が悪化した。これに対して中国はアメリカに反駁しつつ、マスク外交、ワクチン外交を展開するなどして対中感情の改善に努めた。だが、世界の多くの地域で「投資してくれる存在」であった中国が一定程度「脅威」として認識されたことは中国の以後の対外政策にとっては大きな足枷になる。しかし、そうであっても中国の投資が依然世界にとって重要だということは言うまでもない。

　第四に、新型肺炎への対処を中国国内では「抗疫」などと位置付け、民兵などを動員して戦時動員のような形で対処しようとした点である。習近平体制下では都市の末端の社区に至るまで管理統制体制が築かれてきたが、それが功を奏したとも言える。こうした緊張感の下、中国の辺防軍などの国境周辺の軍隊や、海軍、海警などもまた警戒度をあげ、活発な活動を展開した。自国が非常時に直面すると、外敵がそれを利用すると考える面もあろう。結果としてインド国境では戦闘が発生し、台湾海峡の緊張度が高まった。それがアメリカや日本などの対中警戒を強め、

台湾では中国からの台湾人の撤収をめぐるトラブルもあって対中感情が極めて悪化した。

　第五に、中国国内で社会への管理統制が強まる中で、従前以上に「国家の安全」が重視されるようになった。2020年6月には香港で国家安全維持法が成立、施行されることになったが、これも西側先進国カラー革命が香港に迫っているとの認識に基づいていた。また、新型肺炎以前から行われていた新疆ウイグル自治区での「教育」についても、テロなどの「三股（テロリズム、分裂主義、宗教的極端主義）」への警戒心に基づいていた。国内における警戒心の高まりが、こうした政策を推し進めた面があるが、こうした政策はアメリカをはじめとする先進国からは人権問題として非難され、新たな対立を生むことにもなったのである。

　第六に、経済安保への意識が世界的に高まり、サプライチェーンの強靱化であるとか、先端産業のデカップリング、医療衛生面の産業等で国際分業の抑制などが進められた。これは西側先進国から技術移転を進め、また相互依存を強めていた中国にとっては新たな課題となっている。

　このほかにも様々な現象が見られたが、新型肺炎は中国にとっては機会となった面もあるものの、対外関係から見れば大きな課題を突きつけられることになったと言えるだろう。

ウクライナ戦争という契機

　2021年8月、アメリカ軍がアフガニスタンからの撤退を完了した。このアフガニスタン情勢の変容に対して中国は比較的慎重に対処した。ロシアへの配慮もあったであろう。中国は、タリバン政権との関係性を維持し、カブールの大使館も継続的に機能させ、他方でアフガニスタン周辺国の外務大臣対話の枠組みを作るなど、外交的な努力を続けた。

　2022年2月4日、北京オリンピックに合わせて訪中したプーチン大統

領と習近平国家主席は首脳会談を実施した。そこで習近平は、ロシアの欧州における安全保障政策に支持を与えた。中国としてもNATOの東方拡大には反対であった。最大のパートナー国であるロシアを支持することは、既存の政策を継承したものでもある。以後、数度にわたり両首脳は会談を重ねるが、ロシアに寄り添う姿勢を中国は変えていない。

しかし、中国には三つの大きな問題があった。第一に、2022年の秋にある第20回党大会を控え、習近平政権はこれまでの政策を否定したり、新たな政策を行って失敗したりすることができず、政策の選択範囲が限定されることである。第二に、先進国が中露を一枚岩と見なして、安全保障などの面で従前よりも厳しい姿勢を中国に取るようになったことである。中国は経済制裁の対象にならないように、必ずしもロシアとは同盟国ではなく、主権尊重は中国の伝統的な政策であることなどを主張して、ロシアと一致しているわけではないという姿勢を示している。だが、先進国からの圧力は強まっている。第三に、他の新興国や開発途上国もまたロシアの主権侵害には反対しており、開発途上国の代表を自認する中国としてはいかにして世界の多数派を味方につけるか、という課題に直面していることである。中国としては、経済制裁への反対、サプライチェーンの維持、自由貿易の支持などといった点を掲げ、また資源や食糧価格を釣り上げるような先進国の「分断」的な行為に反対するなどして他の新興国や開発途上国における多数派工作を進めている。

ウクライナ戦争が長期化の様相を見せる中で、中国は次第に戦争の衝撃から脱し、次第に戦争以前の元の軌道に態勢を戻そうとしている。それは、米中間の「競争」という基調であり、中国が新興国・開発途上国などの世界の多数派を代表して先進国に対峙するという構図である。そのためには、ロシアとの協調は維持しつつも、先進国と中露という「対立」の構図をいかに崩すのかが課題になる。だが、少なくとも2022年の秋までは慎重で、地道な外交を展開していくことになろう。そのため

にはBRICSやG20などといった場が特に大切になる。そうした場で、多数派工作をしながら、先進国に揺さぶりをかけようとするであろう。

　だが、それも簡単ではない。例えばインドなどは中国への敵意を強めている。中国の外交力も問われることになろう。

（掲載日：2022年7月21日）

ロシアのウクライナ侵略が変える
国際秩序：アメリカの視点から

上智大学 教授

前 嶋 和 弘

前嶋 和弘（まえしま・かずひろ）
上智大学 総合グローバル学部 教授。
上智大学外国語学部英語学科卒業後、ジョージタウン大学大学院政治修士課程修了
（MA）、メリーランド大学大学院政治学博士課程修了（Ph.D.）。専門：現代アメリカ
政治外交。
主な著作は『キャンセルカルチャー：アメリカ、貶め合う社会』（小学館、2022年）、『ア
メリカ政治とメディア』（北樹出版、2011年）、『危機のアメリカ「選挙デモクラシー」』
（共編著、東信堂、2020年）、『現代アメリカ政治とメディア』（共編著、東洋経済
新報社、2019年）、"Internet Election Campaigns in the United States, Japan,
South Korea, and Taiwan," co-edited, Palgrave, 2017など。

　2022年10月半ばまでのロシアのウクライナ侵略についてのアメリカの対応を振り返ったうえで、今後の国際秩序の変化を展望したい。

ロシアのウクライナ侵略についてのアメリカの動き

　ロシアのウクライナ侵攻に対するバイデン大統領の方針は、(1)第三次世界大戦だけは絶対に避ける　(2)長期継続的にウクライナを支援する　(3)経済制裁を含めた国際協調——の3つだ。

　ロシアのウクライナ侵略について、アメリカにとって最も大きなポイントとなるのが、ウクライナはNATOに加盟していないという事実だ。そのため、アメリカにとっては拡大抑止の対象でないウクライナに対して本格的に軍事的な介入をするのはやはり難しい。

　特にロシアは核兵器の利用をちらつかせており、アメリカがうかつに入り込めば第三次世界大戦となってしまう。代理戦争ではなく、核保有国同士が本格的に戦うのは、冷戦時代にもなく、全く新しい時代が訪れることになる。第三次世界戦争はどうしても避けたいというのが当初からこれまでのアメリカにとって基本的なスタンスである。

　直接介入を避けるため、アメリカはウクライナへの軍事支援を強化するとともに、欧州や日本を含むG7による国際連携でロシアに対する徹底的な経済制裁という封じ込めを仕掛けていった。

　この原稿を書いている2022年10月中旬の段階ではまだそうした状況にはないが、今後、ウクライナ情勢が悪化し、ウクライナだけでなくNATO周辺国に攻撃が及んだ場合にはアメリカはロシアとの直接対決を行う覚悟も必要となる。プーチンがウクライナ国内での核兵器や生物・化学兵器を使用した場合についても、米軍やNATO軍が本格介入する可能性もある。

　いずれも全面戦争ではなく、段階を踏んでの介入となっていくだろう。

「戦略的あいまいさ」による牽制

　これまでアメリカは、ロシアへの直接的な牽制を次第に明確にしつつある。

　特に3月末に核兵器の使用条件を厳しくする政策の採用を見送ったことは大きい。バイデン政権は発足当時、民主党の左派の声に対応し、核兵器の使用条件を核攻撃への反撃に限定し、核の先制攻撃を見送る動きでまとまっていた。しかし、3月末にこの方針を大きく変え、核兵器の先制使用もありうると決めている。極限の状況においてのみ核を使用するという原則は変わっていないが、これによって、プーチンが生物・化学兵器や核兵器を使用した場合、核で報復する可能性があるという大き

な牽制を行った。

　湾岸戦争の時に「イラクのフセイン政権が生物化学兵器を使った場合、核で報復する」というアメリカの脅しが奏功したという話にも再び脚光が集まりつつある。当時のブッシュ政権内でどれだけの検討があったのかはいろいろな議論があり、実際にイラク側に伝えたのか、政権内での協議で結論が出たのかなどは伝わっていない。メディアなどでもはっきりは公開されていない。それでも核を使うかどうかわからないという「戦略的あいまいさ」があったため、フセイン政権を牽制することができたという逸話である。

　「戦略的あいまいさ」を利用したロシアの牽制・抑止がさらに垣間見えたのが、3月27日のポーランドでのバイデン大統領の演説である。演説の最後の部分で「この男を権力の座に残しておいてはいけない」と言及したのはバイデン大統領のアドリブだったとされている。この言葉を額面通りに受け取れば体制変換を目指すということになるが、演説の終了直後、ブリンケン国務長官らが「大統領は体制の転換について議論しているわけではない」などと火消しをしている。

　あいまいにしてはいるものの、この演説そのものをしっかり聴くと、整合性があり、「権力の座に残してはいけない」という部分がないとそもそも話がまとまらない。「体制変換を求めるかもしれない」という「戦略的あいまいさ」がプーチンの行動を抑制的にしていくかもしれない。

　一方でこの言葉については、プーチンの危機感を強めてしまい、事態を逆にエスカレートさせたり、ウクライナとロシアとの交渉に悪影響を及ぼしかねないという見方もある。ただ、「権力の座に残してはいけない」というこの一言で事態が急激にエスカレートするとは考えにくい。むしろプーチンに対する抑止が高まるとみたほうが順当であろう。

　2022年9月にウクライナ東・南部の4州を無理やり併合したことは、この4州がロシアの「核の傘」の対象となることを意味する。ロシアが

戦術核を使用する可能性が1ステージ高まり、プーチン大統領にとっては退路を断ったような感すらある。バイデン大統領も「キューバ危機以来の綱渡りだ」とロシアの行動を牽制している。

　ただ、核については腹の探り合いながら、バイデン政権は「決して屈することはない」と強いメッセージを発信している。今後も、世論を見ながら国内や海外にメッセージを出していくのであろう。もちろん、最終的に実際にプーチンの行動を抑制できなければ、一連のバイデン政権の対応そのものの評価も変わってしまう。

情報をめぐる戦い

　ロシアのウクライナ侵略は避けられなかったものの、アメリカはロシア軍の情報を的確に分析し、その情報を徹底的に世界に伝えた。上述のように、アメリカが本格的に軍事介入するのが難しい中、「情報による抑止」は今回の大きなテーマであった。

　情報入手の際、イギリスを中心とする欧州諸国との協力が重要であり、アメリカはロシアの一つ先を行く形でより信ぴょう性のある情報を流し続けてきた。

　また、ロシア側の偽情報に対する対応準備を続けてきたことも大きい。

　軍事的戦闘に加え、政治・経済・外交プロパガンダを含む情報戦、テロや犯罪行為などを組み合わせたハイブリッド戦争について、ロシアは非常に得意であるとされてきた。ロシアは「嘘すぎる嘘」も平気で流布させることで国際社会をかく乱してきた。

　しかし、今回の情報戦ではアメリカ側の準備もあり、そもそもロシアに勝ち目はなかった。というのも、ツイッター、フェイスブックなどSNSのプラットホームのほとんどはアメリカ企業であり、ロシアが仕掛けてくる情報戦に対抗する用意が進められてきたためだ。ロシア政府関

連のアカウントは事前に既に明らかになっており、今回のウクライナ侵略が始まった直後、SNSの主要プラットホームはロシア政府の利用を制限する徹底した規制を敷いた。

　2016年大統領選挙にロシアが介入した際の反省から、連邦議会はSNSの事業者を公聴会に次々と呼び出し、各社はロシアのやり方を徹底的に明らかにし、様々な対応策を講じさせてきた。その選挙後の、ここまでの6年間はウクライナ侵略など有事への備えの期間でもあった。

　ウクライナ側は2014年のクリミア併合の時にロシアの嘘情報の流布にやられっぱなしだったが、その時の教訓から、今回はゼレンスキー大統領の各種の情報発信のように、ウクライナ側もロシアの動きに迅速に対応し、反論を続けている。この背後にもアメリカが強く関与してきたとされる。

国内世論との「戦い」

　今後、もし本格的にアメリカがウクライナに介入することになった場合、相当な長期戦となる可能性もかなりある。戦費などの点でアメリカ国内からの批判も出てくるかもしれない。

　アメリカの国内世論はアフガニスタン戦争、イラク戦争のショックが続いており、厭戦気分が強い。トランプの「アメリカ・ファースト」が受け入れられたのもこの厭戦気分が下地にある。「世界の警察官」としてのアメリカの国際的な能力が弱まっている大きな背景にこの世論がある。

　「ミドルクラスのための外交」という世論重視の外交を掲げているバイデン政権にとっては国内世論の方向性に合わせた外交・安全保障を進めることは、政策運営の一丁目一番地といえる。

　ウクライナ侵略直前の各種世論調査ではウクライナに地上軍を送ることにかなり否定的であったが、侵略後、ロシア軍の残虐さが明らかにな

るにつれ、世論は「何とかならないか」とウクライナ支援にやや前のめりになりつつある。

　バイデン大統領が恐れるのは第三次世界大戦へのエスカレーションと、それを善意から推し進めてしまう可能性がある国内世論の動向という2つである。

米中G2体制の加速化

　ロシアのウクライナ侵略は衝撃的だったが、アメリカにとって長期的なライバル関係がロシアではなく、中国である事実は変わらない。ロシアが戦争で疲弊する中、中国の相対的な地位はさらに上がっていく。

　ロシアが中国に軍事物資の支援を要請したと報道される中、侵攻が始まって約1か月後の2022年3月18日には電話による米中首脳会談が行われ、バイデン大統領は習近平氏にロシア支援を行わないようくぎを刺した。

　中国が積極的に軍事支援する可能性は少ないが、それでも経済制裁の輪に中国が入らなければロシア側への制裁効果は激減する。核兵器を使用する可能性などのリスクを抑えていくためにもアメリカにとって中国の協力が必要になってしまう。

　ロシアを抑えるために、アメリカが中国との協力を急いだ場合、G2体制が予想よりも早く訪れるかもしれない。中国がここ10年ほど望んできたような「新型大国関係」であるG2体制が、ロシアを抑えるために加速化していく可能性が出てきている。

　覇権国を狙う中国にとって、ロシア側につくのは国際世論からはマイナスだ。ただ、自分の後ろ盾にロシアを置いておきたいという狙いもあろう。ロシアを抑える上で、中国がどのようにふるまうのかがやはり大きな鍵を握っている。

　一方で中国がどうふるまうかで国際政治のパラダイムシフトにもなる。

もしロシア側に積極的に加担した場合、「民主主義対専制主義」という対立構造が明確になっていくだろう。

核の重要性の再認識

　今回のウクライナ侵略は核兵器の重要性が再認識される結果となった。ウクライナに侵攻を続けるロシアに対し、アメリカがなかなか手を出せないのは、やはりロシアが核大国であり、うかつに手を出せばロシアとの核戦争の恐れがある第三次世界大戦の引き金を引いてしまう可能性もあるためである。逆にいえば、核兵器を持つことの意味が再確認された形となっている。

　核兵器の重要性が再認識される中、北朝鮮が今後、核を手放す動機はかなり低くなっていく。北朝鮮の非核化が一層難しくなったことは強く意識すべきであろう。

　また、まとまりかけたイラン核合意もロシアが絡んでいるため、遅くなっていく。ロシアとしては経済制裁逃れのために、このイラン核合意の中でロシアとイランの貿易を認めさせようとする動きがあるが、アメリカとしても他の参加国にとってもこれはのめない。イラン側の態度もまた変わってくる可能性もある。イスラエル、パキスタンに続き、北朝鮮、イランが核を保有することになると、NPT体制も大きく揺らぐことになる。

　もし、ロシア国民からの反発でプーチンが失脚し、ロシア国家が大混乱した場合には、ロシア国内の核施設の管理なども大きなポイントとなっていく。

　核については、エネルギー安全保障への議論が進む中、例えば、原子力発電に対する見方も変わりつつある。エネルギーが枯渇する中、安全保障上のエネルギー確保のため、これまでの脱原発の動きが止まってい

く兆しもある。

　いずれにしろ、このようにロシアのウクライナ侵略は世界を大きく変貌させていく。その変化がはっきりするまでには、もう少し時間が必要である。

（掲載日：2022年10月13日）

ウクライナ侵攻と
今後のエネルギー政策を考える

国際環境経済研究所 理事・主席研究員

竹 内 純 子

竹内 純子（たけうち・すみこ）
博士（工学）東京大学大学院工学系研究科。国際環境経済研究所 理事・主席研究員／U3イノベーションズLLC共同代表／東北大学特任教授（客員）。
1994年慶應義塾大学法学部法律学科卒業後、東京電力入社。主に環境部門を経験後、2012年より現職。独立の研究者として地球温暖化対策とエネルギー政策の研究・提言、理解活動に携わり、GX実行会議や規制改革会議を含む政府委員も多数務めると共に、サステナブルなエネルギーを潤沢に得られる社会への変革を目指し、U3イノベーションズLLPを立ち上げ。政策とビジネス両面から持続可能な社会への転換を目指す。
『みんなの自然をみんなで守る20のヒント』（山と渓谷社）、『誤解だらけの電力問題』（ウェッジ出版）、『エネルギー産業の2050年　Utility3.0へのゲームチェンジ』（日本経済新聞出版）、『エネルギー産業2030への戦略　Utility3.0を実装する』（日本経済新聞出版）など著書多数。

エネルギー政策の要諦

　エネルギー政策は、どのような国においても政府の重要政策とされ、実際にエネルギー事業を担うのは国営企業であることも多い。米国の複数の州およびわが国において、電力事業は民間事業として発展してきたが、これは世界的に見れば異質な発展形態と言えよう。エネルギー政策の要諦は、S（Safety）＋3E（Energy Security, Efficiency, Environment）の重心を定めることにあるとされ、戦後の電力政策の歴史を見れば、軸足が時代と共に変遷してきたことがわかる。

　終戦直後は量の確保が最重要視された。太平洋戦争の原因がそもそも

石油の確保にあったと言われる通りわが国は資源に乏しく、戦後は頻発する停電に「電力よこせ運動」が起きた。戦後復興のためにはエネルギー確保が最優先とされ、水力発電の開発が進んだのがこの頃だ。石油の国際流通が安定的に行われるようになると、わが国でも沿岸部に石油火力発電所が多く建設されるようになり、1970年代のオイルショック当時、発電の7割が石油に依存していた。オイルショックはエネルギー安全保障の重要性を認識させ、「脱石油・脱中東」がエネルギー政策の標語となった。脱石油のために、LNGの導入に世界で初めて取り組み、同時に、原子力開発を加速させた。また、脱中東を進めるため、石油の調達先多様化に取り組んだのだ。しかしオイルショックの衝撃も落ち着くと、エネルギーコストに関心が移る。エネルギーの「内外価格差」に対して産業界の強い問題意識が示され、欧米が規制改革（自由化）を進めていたこともあり、わが国でも1995年、発電事業の自由化がスタートした。

　その後2000年代に入ると、環境性が関心を集めるようになる。安倍（第一次）、福田、麻生と自民党でも政権交代のたびに温暖化目標が引き上げられ、民主党の鳩山政権では実現可能性に乏しい野心的な目標が掲げられた。この目標に整合的な計画として、当時は原子力発電を10年で9基、20年で14基新設することを政府は求めていたのである。再生可能エネルギー（以下、再エネ）の普及も目指すとしていたが、当時は今よりも再エネのコストが相当高かったので、原子力の新増設を進める方針だったのだ。そこに起きたのが福島第一原子力発電所事故である。経済性や環境性を損なうことは政策的に認められず、むしろ温暖化の目標をさらに高めて2050年のカーボンニュートラルを掲げたものの、手段としての原子力発電を否定したので、現実的な移行策が描きづらくなっていた。加えて再エネ拡大により、火力発電所の廃止・休止が続き、供給余力が低下して毎冬供給危機に直面する事態となっている。これがウクライナ危機発生前夜の日本の状況である（図表1）。

図表1「わが国のエネルギー政策　重心の変遷」

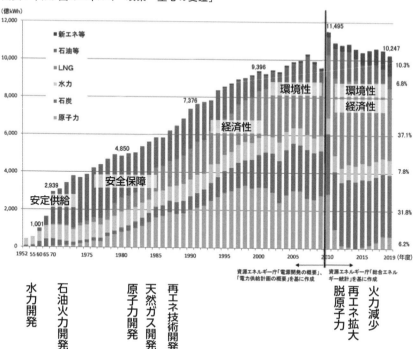

エネルギー白書2021　【第214-1-6】発電電力量の推移に筆者加筆

ウクライナ侵攻により明らかになったエネルギー危機

　わが国だけでなく、各国は近年、エネルギー政策の重心を気候変動対策に置き過ぎた感がある。パリ協定の成立に伴い、特に先進国は2030年、50年に向かって相当野心的な目標を設定したが、2030年までわずか8年、50年までも30年弱しか残されていない。30年弱という時間は、エネルギーインフラの転換には十分ではないが、多様な危機が発生しうる。ロシアによるウクライナ侵攻は「想定外の事態」であったかもしれないが、人類は数年から数十年ごとにこうした争いごとを起こすものであり、2000年代以降も、イラクやシリア、アフガニスタン、ミャンマーなど

複数の国や地域で紛争や内戦など地政学的リスクが発生してきた。気候変動対策を国際社会の最重要課題として掲げたこと自体は間違っていなかったとしても、移行に必要な時間の長さとその間に起こりえる多様な危機への備えが不十分であったことは否めない。

　パリ協定が採択された2015年12月12日、COP21の会場は、地鳴りのような歓声と興奮の渦に包まれており、筆者は「後から『あの時世界は変わった』と思う瞬間」を過ごしているという感慨と同時に、こうした熱気の中でエネルギー政策が議論されることへの懸念も抱いていた。その懸念が現実のものとなってしまったのは残念というほかない。

　ロシアのウクライナ侵攻の当初欧州各国の反応が鈍かったのは、ロシアの資源への依存度が高かったことが理由だ。特にドイツは、石油、石炭、天然ガスのいずれも輸入量におけるロシアの割合が1位を占めている。これまで気候変動対策においては世界のリーダー的存在を自認してきたドイツが、2022年3月に開催されたG7エネルギー大臣会合において、「我々はエネルギー政策において、歴史的な間違いを犯した（historically mistaken）」とまで発言したとされている[1]。ドイツは積極的な再エネ普及政策を採ったが、自然変動性を持つ太陽光や風力が増加すれば調整力の高い天然ガス火力発電の重要性が高まる。そもそも暖房需要やドイツの主力産業の一つである化学工業の原材料として天然ガスを利用していることもあり、ロシアへの依存度が高まっていた。

　欧州委員会は2022年3月8日に、エネルギー価格の高騰及び需給ひっ迫への対応・緊急事態への備えと、ロシア化石燃料依存からの脱却の2つを柱とするアクションプランを公表した。具体的には2022年末までにEUのロシア産ガスの需要を3分の2削減し、2030年までにロシアへの化石燃料依存から段階的に脱却することを目指すという内容だ。ロシア以外からの調達として、LNG輸入はカタール、米国、エジプト、西アフリカ等から3,680万t、パイプラインガス輸入はアゼルバイジャン、

アルジェリア、ノルウェーから740万t[2]調達し、バイオメタン生産を260万t[3]増加させることを目標としている。しかしLNGやパイプラインガスの世界の供給余力を、JOGMEC（独立行政法人石油天然ガス・金属鉱物資源機構）が分析した結果とは全く桁が合わないことが指摘されている。カタールは輸出拡大のための設備投資を行っているが稼働開始は2026年の予定であり、米国は最大級のLNG輸出基地であるフリーポートLNGが2022年6月に爆発事故を起こして稼働停止となっている。輸出量の低下が避けられない状況であり、供給力の追加は期待しづらい。自国の受入港の工事を急ピッチで進めたとしても、世界的に供給余力には限界があることが指摘されている。

　3月にはドイツのロバート・ハーベック経済大臣がドーハを訪問し、天然ガスの長期契約の締結に向けた交渉を開始するなど政府も外交努力を重ねていたが、その交渉が難航しているとも報じられている。5月10日の「Reuters」は、ドイツは、2040年までに二酸化炭素排出量を88％削減するという目標があるため、カタールが求める「少なくとも20年間の契約」に難色を示していると報じている。いずれにしても来冬にロシア以外からの調達を十分確保することは難しい。2022年秋時点で、エネルギー多消費である鉄鋼産業などにおいては、操業停止等生産活動に大きな影響が出ており、2022年から2023年にかけての冬に試練を迎えることは必至である。

温暖化対策・エネルギー安全供給との相克

　しかし、このエネルギー危機の原因を、ロシアのウクライナ侵攻のみに求めることは正確ではない。それ以前からエネルギー価格の高騰は始まっていた。各国がコロナからの経済復興に向けて経済活動を活発化さ

せたにもかかわらず、2015年頃から原油価格下落の局面にあったため、上流開発投資が不足していたことが主原因だと考えられるが、加えて懸念されるのが気候変動対策との相克である。莫大な投資を必要とする資源開発は、長期安定的な売却先の確保がプロジェクト成立のカギとなる。しかし、上述したドイツとカタールの交渉難航が示す通り、化石燃料は"当面"必要であるが、カーボンニュートラル社会を実現するのであれば急速にその利用は減少していくこととなる。

　こうした問題意識を端的に紹介した記事が本年4月25日に「ブルームバーグ」に掲載されている。"Russia's War Is Turbocharging the World's Addiction to Coal" と題する記事は、気候変動対策によって過去の遺物となりつつあった石炭が、いま奪い合いになっている現状を整理したものだ。記事中に紹介される関係者のコメントとして、例えば「ブルームバーグ」NEFの米州調査部長イーサン・ジンドラー氏は「長期的には需要がないが、短期的には増やしてほしいというのは、サプライチェーンに求めるものが大きすぎる」と指摘し、市場調査会社の副社長は「脱炭素とエネルギー安全保障のバランスを取ろうとしたとき、どちらが優先かは明らか。灯りを消すことはできない」としている。

　気候変動対策の長期目標を引き下げるようなことは政治的なハードルが高く、選択肢として考えづらい。将来の需要縮小を前提とするなら、上流投資に対する国のコミットメント強化が必要だ。化石燃料への投資がこれまで以上にリスクマネー化し、資本コストが上がれば、結局それはエネルギーコストの上昇を招きインフレリスクとなるからだ。そして同時に、ネガティブエミッションと呼ばれるCCS、CCUS等の技術開発に取り組むことが求められる。

わが国が採るべき策

　欧州の危機はわが国にとっても全く対岸の火事ではない。わが国の石油、天然ガス、石炭におけるロシアへの依存度はそれぞれ4％、9％、11％とそれほど大きなものではない。しかし国際的な資源市場は当面需給がタイトになると予測され、数パーセント程度と言えどその代替を確保するのは容易ではない。

　省エネ、再エネ、原子力など総力戦が必要であるが、政府の対応がより強く求められることについて2点に絞って整理したい。

　1点目が化石燃料の長期契約確保だ。日本政府は「国が前面に出る」として資源外交への注力を掲げているが、売買の主体となる事業者が、長期の契約を締結したり、安定的な支払いができる裏付けが必要である。そのネックとなっているのが、一つには政府が昨年示したエネルギー基本計画と長期エネルギー需給見通しであり、もう一つが自由化の進展である。前者の、長期エネルギー需給見通しによれば、2030年には天然ガスの利用は現在の半分程度となる見通しが示されており、この想定の下では事業者は長期契約を締結することは難しい。加えて自由化の進展により、各発電事業者は自社の販売量が見通せなくなり、わが国の天然ガス長期契約は減少の一途をたどっている。自由化して市場原理を導入したはずのエネルギー事業に、国家の強力な関与が求められるのは皮肉な話だが、市場では十分評価されない安定供給・安全保障の価値を確保するためには、制度設計の大幅な修正が求められている。

　2点目が原子力政策の見直しだ。これはステップを追って考えたい。まず必要性だ。そもそも脱炭素化を掲げた以上、安価で安定的な脱炭素電源が大量に必要になる。脱炭素と脱原発の二兎を追うことは不可能であり、原子力発電の必要性はウクライナ危機以前から明らかである。次に、実際に必要だとして現状わが国の原子力産業はその要請に応えられ

るのだろうか。これは若干答えづらい。莫大な安全対策投資を行っているにもかかわらず、全国のほとんどの原子力発電所は稼働しておらず、電力各社の財務状況はひっ迫している。大手電力会社の中には、投資適格等級の中で最も低い「BBB」まで下落しているところもある。電力会社だけでなく、サプライチェーンも弱体化している。福島第一原子力発電所事故以前、原子力発電所の国産化率は90％を超えていたが、長期間の新設の途絶や福島第一原子力発電所事故後の政策の不透明性が、サプライチェーンを著しく脆弱にしてしまった。

　では、このような状況から原子力政策をどのように見直せばよいのか。やらなければならないことは多岐にわたるが、政策、行政、立地地域との関係の観点から3つに絞って指摘したい。

　政策としてはまず、国にとっての原子力技術の位置づけを再度確認し、必要に応じて原子力基本法等の見直しを行うことだ。原子力基本法が掲げる第1条の目的は現在も「原子力の研究、開発及び<u>利用</u>（以下「原子力利用」という。）を推進することによつて、将来におけるエネルギー資源を確保し、学術の進歩と産業の振興とを図り、もつて人類社会の福祉と国民生活の水準向上とに寄与することを目的とする。」（下線筆者）とある。原発への依存度を低減するという方針はこの基本法と整合的なのだろうか。

　原子力規制は、国民の安全を守る上で非常に重要であり、事業の健全な発展を大きく左右する。福島第一原子力発電所事故後、わが国は政治的独立性の高い原子力規制委員会を設置し安全規制のあり方を抜本的に見直したが、その規制活動は、効率性の原則が無く、審査期間の長期化など多くの課題が指摘もされている。行政機関として満たすべき予見性ある規制活動が行われるようなガバナンスが求められる。原子炉等規制法の改正や国会や原子力委員会の関与の在り方も検討が必要だろう。

　原子力事業の難しさは、国にとって必要であっても立地地域にとって

は産業の一つでしかないということだ。これほど安定的な雇用を生む産業を育成するのは難しいとはいえ、周辺地域が負うリスクは福島第一原子力発電所事故で明らかになっており、裨益とリスクの適正なバランス確保が難しい。ロシア軍がウクライナ侵攻に当たり、原子力関連施設を攻撃したこともあり、拙速な原子力復活論は立地地域の方たちの不安を高めることになるだろう。原子力防災や賠償制度など、万一の事態に政府がどのように備えているのかを丁寧に伝える必要がある。

　冒頭述べた通り、エネルギーというライフラインを確保することは国家の最重要使命の一つだ。エネルギー政策は票にならないと言われるが、国民生活・経済を左右する問題として政治が覚悟を持って取り組むことを期待したい。

（掲載日：2022年6月9日　改稿日：2022年10月17日）

《注》
1）第5回 産業構造審議会 産業技術環境分科会 グリーントランスフォーメーション推進小委員会／総合資源エネルギー調査会 基本政策分科会 2050年カーボンニュートラルを見据えた次世代エネルギー需給構造検討小委員会 合同会合　議事録P63　https://www.meti.go.jp/shingikai/sankoshin/sangyo_gijutsu/green_transformation/pdf/005_gijiroku.pdf
2）LNG換算での数字
3）LNG換算での数字

第 **2** 章

二極化、デカップリングは進むのか

中国からみたロシア・ウクライナ紛争とそれにかかわる地政学リスク

公益財団法人 東京財団政策研究所 主席研究員

柯　　隆

柯　隆（か・りゅう）Long Ke
公益財団法人 東京財団政策研究所 主席研究員。
1963年、中華人民共和国・江蘇省南京市生まれ。88年来日、愛知大学法経学部入学。92年、同大卒業。94年、名古屋大学大学院修士課程修了（経済学修士号取得）。長銀総合研究所国際調査部研究員（98年まで）。98～2006年、富士通総研経済研究所主任研究員、06年より同主席研究員を経て、現職。兼職：静岡県立大学グローバル地域センター特任教授、多摩大学大学院客員教授、研究分野・主な関心領域：開発経済、中国のマクロ経済。
著書：『「ネオ・チャイナリスク」研究：ヘゲモニーなき世界の支配構造』（慶應義塾大学出版会、2021）、『中国「強国復権」の条件』（慶應義塾大学出版会、2018。第13回 樫山純三賞）他。

　多くの中国人はロシアという国に対してきわめて複雑な感情を持っている。60代以上の中国人は毛沢東時代（1949～76年）に青春時代を過ごした。当時、外国の文学作品といえば、ほとんどはゴーリキーなどソ連時代の作品だった。共産党幹部も外国訪問や海外留学といえば、行先はソ連や東欧諸国だった。プーシキンやゴーリキーの作品は当時の中国人の世界観と人生観に大きな影響を与えた。

　しかし、歴史が好きな中国人はウラジオストクをはじめ、中国東北の広大な領土がロシアに略奪されたことを知り、怒りは収まらない。とくに、ソ連時代、中ソはウスリー川中流のダマンスキー島（中国名：珍宝島）の領有権をめぐり、対立し、軍事衝突にまで発展した。筆者も小学校時代、学校でソ連が我が国の国境に100万人の兵士を駐屯させいつで

も侵略してくる可能性があると教えられたことを今でも鮮明に覚えている。50年前、毛沢東はソ連による侵略を心配して、米国に歩み寄り、米中国交回復が実現した。

そして、日中戦争において中ソは抗日という意味では同じ立場だった。しかし、日本軍が追いやられたあと、中国東北部はソ連の占領下に置かれた。のちにソ連軍による虐殺、略奪、婦女暴行などの犯罪行為が明らかになった。そのほとんどは中国の歴史教科書から削除されている。なぜならば、中国政府にとって旧ソ連、そして、今のロシアとの外交関係を維持する必要があったからである。

毛沢東はスターリン時代、ソ連との関係を良好に保つ必要性からスターリンに敬意を表していた。しかし、1953年スターリンが死去したあと、中ソ関係は急速に悪化してしまった。両国関係の悪化を受けて、ソ連政府は中国に対する経済援助を取りやめ、中国に派遣していたエンジニアや技術者をいっせいに帰国させてしまった。以降、中ソは敵対し、毛沢東と周恩来は米国に歩み寄り、外交方針を180度転換させた。

1978年から中国は改革・開放をはじめた。リアリストの鄧小平は経済の自由化を推進し、中国経済に資本主義市場経済の要素を取り入れた。半面、ソ連経済は年を追うごとに困窮していった。米国との軍拡競争に負けたソ連は国内経済が破綻し、最終的にソ連邦は崩壊した。そのなかでウクライナなどいくつもの共和国はソ連から独立した。東欧諸国の多くは民主化してソ連と距離を置くようになった。これは中国共産党に大きなショックを与えたに違いない。

中国政府の公式文書においてはソ連の崩壊についてゴルバチョフ書記長（当時）の責任としている。むろん、それは真実ではない。ソ連の崩壊は社会主義体制の致命傷によるものである。逆に、中国経済が繁栄したのは資本主義市場経済の要素を取り入れたからである。

元紅衛兵たちのDNA

ここまでの整理からも、中国政府と中国人の対ソ連・ロシアの感情がかなり起伏の激しいものだったことがわかる。中華人民共和国が成立してからの歴代指導者の経歴をみると、毛沢東は海外での長期滞在歴がなかった。生前、2回ほどソ連を訪問したことがあるが、いずれもスターリン時代だった。鄧小平は若いころ、フランスに留学したことがあるといわれている。どこまで勉強したかは不明だが、フランスに長期滞在したことがあるのは事実である。江沢民と李鵬はソ連に留学したことのある工学系だった。

ここで重要なのは習近平政権のチーム、すなわち、第19回党大会の7人の常務委員の経歴である。表1に示したのは習政権の7人の常務委員の誕生と文化大革命が始まった1966年当時の年齢と学年である。全国人民代表大会常務委員長の栗戦書が高校一年生だったほかは、ほとんどが小学生か中学生だった。すなわち、この7人のいずれも元紅衛兵だった。彼らは基礎教育が終了していなかった。なぜならば、文革が開始すると同時に、学校教育がほとんどストップしてしまい、当時の紅衛兵は学校の先生や知識人などを造反有理と叫びながら打倒したからである。

表1　習政権の第19回党大会常務委員会常務委員

	肩　書	誕　生	文革開始時（66年）の年齢
習近平	党総苦記・国家主席	1953年	13歳（中一）
李克強	国務院総理	1955年	11歳（小五）
栗戦書	全国人民代表大会常務委員長	1950年	16歳（高一）
汪　洋	政治協商会議主席	1955年	11歳（小五）
王滬寧	中央政治局書記	1955年	11歳（小五）
趙楽際	規律委員会書記	1957年	9歳（小二）
韓　正	国務院常務副総理	1954年	12歳（小六）

資科：柯隆（2021年）『「ネオ・チャイナリスク」研究　ヘゲモニーなき世界の支配構造』（慶應義塾大学出版会）

表2　習政権の第20回党大会常務委員会常務委員

	肩　書	年　齢	文革開始時（66年）の年齢
習近平	党総書記・国家主席	69歳	13歳
李　強	首相（予定）	63歳	7歳
趙楽際	全人代常務委員長（予定）	65歳	9歳
王滬寧	政治協商会議主席（予定）	67歳	11歳
蔡　奇	党中央書記長書記	66歳	10歳
丁薛祥	筆頭副首相（予定）	60歳	4歳
李　希	党中央規律検査委員会書記	66歳	10歳

注：文革開始時の年齢の計算は筆者によるもの
資料：中国共産党中央委員会

　表2に示したのはさる2022年10月23日、共産党第20回大会一中全会で選出された常務委員である。それをみればわかるように、7人全員が元紅衛兵である。

　元紅衛兵のDNAには権力崇拝の傾向が強い。しかも、彼らこそソ連文学に強く影響を受けた世代である。元紅衛兵たちは初等教育しか受けておらず、とくに歴史教育は皆無だった。毛時代の歴史教育で教えたのは歴史の事実（史実）ではなく、政治教育の必要性に応じた恣意的なプロパガンダだった。そのなかでソ連との関係に関する記述はとくに史実に反する記述が多く、一方的にレーニン主義の闘争理論が強調され、元紅衛兵の若者たちは強く影響を受けてしまった。

　毛時代に育った元紅衛兵たちのもう一つの特質は遵法精神の欠如である。そもそも文化大革命は毛が自らの経済政策失敗の責任を逃れるために引き起こしたもので、その直接の目的である党内最大の政敵だった劉少奇国家主席（当時）を打倒するため、紅衛兵たちが利用された。紅衛兵たちの迫害を受けた劉は憲法の小冊子を手に、「紅衛兵のみなさん、私は国家主席でなくても、普通の人民であっても基本的な人権がある」と主張した。それに対して、紅衛兵たちは「革命無罪、造反有理」と返した。結果的に劉は紅衛兵たちに迫害され惨殺されてしまった。

　問題は中国で文化大革命に対する反省がいまだになされていないこと

にある。習政権が誕生してから、習主席は文化大革命を「歴史的に困難な探索」と定義した。文革の出発点は共産党内部の権力闘争だったが、たちまち文化人を迫害する若者を中心とする大衆運動に発展してしまった。たくさんの知識人が迫害され殺された。それにより中国の古典文化が粉々に破壊されてしまった。

プーチンロシアとの価値観の共有

　中国共産党にとってソ連邦の崩壊は間違いなく青天の霹靂だった。なぜならば、ソ連共産党は中国共産党にとって師匠のような存在だったからである。鄧小平などの長老からみれば、ゴルバチョフ書記長（当時）は間違いなく共産主義の裏切り者だった。政治学者の分析によれば、プーチン大統領は共産主義のイデオロギーに固執しないが、偉大なるロシア帝国を取り戻そうとしているといわれている。国土を拡張しようとする点について習政権と完全に一致している。

　国運が高まる局面において政治指導者が国土を拡張させようとする考えはいつの時代も変わらない。西洋諸国の植民地政策はその好例といえる。問題はやり方に違いがあることだ。ロシア人の特性に明るい研究者によると、ロシア人はなにか目的を達成しようとするとき、往々にして相手に恐怖心を与え怖がらせようとする。すなわち、力で相手を従わせるのはロシア流のやり方であるといわれている。この描写が正しければ、ロシアによるウクライナ侵攻について理解しやすいはずである。

　一般的に中国人は相手をみて戦法を巧みに変えるが、ロシアとよく似ているのは習政権の戦狼外交である。戦狼外交とは戦う外交のことである。すなわち、相手と妥協せず、力で勝負するやり方である。2018年、米トランプ政権は米中貿易不均衡を理由に中国に対して貿易制裁を発動して米中貿易戦争にまで発展した。そのときに習主席は国内で行う演説

で中国の文化について「目には目、歯には歯」と強調した。すなわち、米国に絶対に妥協しないということである。その後、米中対立は日増しにエスカレートしていった。

　本来ならば、貿易不均衡が原因で米中貿易摩擦が起きたことを考えれば、その貿易不均衡の原因を米中双方で調査して原因を特定できるはずである。それによって米中貿易戦争が避けられたはずだった。

　外交の基本は相手に恐怖心を与えるのではなく、相手に好かれ尊敬されるように努力することである。ウクライナ戦争が正義の戦争かどうかは別として、プーチン大統領はウクライナを併合しようとするならば、ウクライナと友好な関係を保つことが重要であった。ウクライナをネオナチと称して武力行使して侵攻するやり方は明らかに逆効果になる。残念ながら、この簡単な理屈がプーチン大統領およびその側近には分かっていないようだ。

　ロシア政府の関係者は、ロシアが窮地に追い込まれているのは西側諸国による情報封鎖と情報操作によるものと主張している。要するに、ロシアのウクライナ侵略は捏造されたもので、ロシアはウクライナ人民をネオナチから解放するために戦っていると言うのだが、滑稽な詭弁でそれを信じるものはほとんどいないはずである。

　それについて、中国政府はどういう見方をしているのだろうか。米中対立が先鋭化している現実から、中国にとってロシアとの友好関係を維持するのはなによりも重要である。しかし、ことはそれほど単純ではない。なぜならば、中国はこれまでのところ、ウクライナから空母を輸入し、戦闘機の技術を習得している。ウクライナ戦争が起きたときに、6,000人もの中国人留学生とビジネス関係者はウクライナに滞在していた。中国政府にとってロシアかウクライナかの選択は難しいものである。だからこそ、中国外交部報道官はいつも曖昧な答弁をしている。中国政府はいかなる国に対しても国土保全の主権を支持するとしながらも、ロ

シアのウクライナ侵攻を侵略といわない。

　アメリカをはじめとするNATO諸国は再三にわたって、中国に「ロシアに支援したら、必ず代償を払わせる」と警告している。ことの重大さは中国も理解していて、表向きはロシアに対する支援を行っていない。ただし、ロシアとの一般貿易は止めていない。ロシアは最先端の軍事技術を持っているようだが、裾野産業が弱く、民生産業はとくにぼろぼろな状態にある。ロシア経済は石油、天然ガスと食糧を輸出して、海外から民生用の日用品を大量に輸入する。ウクライナ戦争が起きてから、西側諸国はロシアに対する経済制裁を実施して、ロシア経済に予想以上のダメージを与えている。

　軍事専門家によれば、プーチン大統領およびその側近は当初、ウクライナを長くても数日間で攻略でき、ゼレンスキー政権に代わる傀儡政権を樹立して、ウクライナを手に入れることができるとみていたといわれている。しかし、ウクライナ軍の抵抗は予想以上に強く、西側諸国は直接参戦していないが、ウクライナに対する軍事支援は迅速かつ強力なものだった。結局、2か月以上経過しても、ロシアはウクライナを攻略できていない。なによりも、ロシア自身は国際社会で孤立してしまっている。

習政権の打算

　そもそも中国はロシアと同じボートに乗っている仲間ではない。アメリカに対抗するという立場において利益を共有できるが、中国経済はハイテク技術を中心に日米欧に依存している。中国にとって米中ディカップリング（分断）は悲劇を意味するものである。すなわち、中国は産業構造の高度化を実現できず、経済は急減速していく可能性が高い。

　結論的にいえば、習政権はロシアとの連携を維持しながらも、アメリ

カとの関係をこれ以上拗（こじ）らせないように気を付けないといけない。同時に、ロシアとの連携が重要だが、適切な距離を保つことが重要である。その距離が遠すぎると、近い将来、中国が台湾に侵攻した場合、間違いなく西側諸国から加えられる制裁に対して、ロシアにバックアップを頼めなくなる。しかし、その距離が近すぎると、中国はロシアとともに国際社会で孤立してしまうおそれがある。まさに合従連衡のゲームである。

　実はロシアのウクライナ侵攻は習主席に大きなショックを与えている可能性が高い。習政権は自らの正当性を証明するために、一日も早く台湾を併合したい。中国はアメリカやヨーロッパから軍事技術を輸入できない。中国の軍事技術のほとんどはロシアに頼っている。そのロシアは陸続きのウクライナに侵攻しても、なかなか攻略できていない。中国人民解放軍は台湾に侵攻する場合、台湾海峡を渡らなければならない。台湾はアメリカから最先端の戦闘機を輸入し保有している。現状のままでは、人民解放軍が台湾に侵攻しても、攻略できない可能性が高い。このことは習主席にとってもっとも歯がゆい結果になる。すなわち、手に入れたいが、手に入らない。表3に示したのは台湾とウクライナの経済力と軍事力の比較である。

表3　台湾とウクライナの経済力と軍事力の比較

	ウクライナ	台　湾
面　積	603,700㎢	36,000㎢
人　口	4,159万人（クリミアを除く）	2,360万人
民　族	ウクライナ人（77.8%） ロシア人（17.3%） ベラルーシ人（0.6%） その他（4.3%）	本省人（85%） 外省人（13%） 原住民（2%）
政治体制	共和制	三民主義に基づく民主共和制
GDP	1,810億ドル	7,856億ドル
公用語	ウクライナ語	中国語
兵　力	209,000人	215,000人（予備役：165.7万人）

資料：ウクライナ政府と台湾政府の発表に基づいて筆者作成

戦争するにはお金がかかる。軍事の専門家によると、ロシアのウクライナ侵攻は1日あたり数億ドルかかるといわれている。しかも外国資本は相次いでロシアを離れている。だからこそロシアのウクライナ侵攻はロシアの失敗に終わる可能性が高い。

　同様に、中国も同じ問題に直面するはずである。確かに中国の経済規模は名目GDPについては世界二番目だが、ハイテク製品と商品の輸出は主に中国に進出している多国籍企業によるものである。外国資本がもっとも嫌うのはリスクである。人民解放軍が台湾に侵攻した場合、まず台湾企業は中国を離れる。それと同時に、日米欧の多国籍企業とその部品メーカーなども中国を離れるだろう。中国は技術を失うだけでなく、雇用機会も喪失してしまう。中国の富裕層は大挙して金融資産をアメリカやタックスヘイブンに逃避させる。つまり世界二番目の経済といえども、あっという間に空洞化してしまう可能性が高い。何よりも習政権にとって不利なのは中国経済が今、急減速していることである。中国の立場に立って合理的に判断すれば、このままでは、台湾に侵攻できない。

　むろん、強権政治の指導者がつねに合理的に判断できるかは不明である。今回のウクライナ戦争も合理的に考えれば、プーチン大統領は侵攻を決断しないはずだった。一部の政治学者はプーチン大統領が側近の間違った情報に騙されたと指摘している。その可能性は排除できないが、それよりもこの難局をもたらしたのはだれかがプーチン大統領を騙したからではなく、強権政治の致命傷によるものといったほうがよかろう。

　同様に、合理的に考えれば、習主席は台湾侵攻を決断しないはずである。しかし、プーチン大統領と同じように強権政治の致命傷により間違った決断を行う可能性を完全に排除できない。重要なのはそれに伴う地政学リスクを管理することである。リスクというのは絶対に起きないと考えるのではなく、その可能性を念頭に危機に備えておくことが重要である。

第2章　二極化、デカップリングは進むのか

（掲載日：2022年6月3日　改稿日：2022年10月24日）

西側価値観がＧゼロの試練を
乗り越えるには

公共財団法人 日本国際問題研究所 客員研究員

津上 俊哉

津上 俊哉（つがみ・としや）
（公財）日本国際問題研究所 客員研究員、現代中国研究家。
1980年通商産業省入省。在中国日本大使館経済部参事官、通商政策局北東アジア課長、経済産業研究所上席研究員などを歴任。2018年より現職。
『中国台頭 日本は何をなすべきか』（日本経済新聞出版、2003年）でサントリー学芸賞。近著に『「米中経済戦争」の内実を読み解く』（PHP新書、2017年）、『米中対立の先に待つもの』（日本経済新聞出版、2022年）など。

　ロシアのウクライナ侵攻は世界中に大きな衝撃を与えた。これほど露骨な侵略戦争は20世紀で途絶えた、と誰もが思っていたのだ。現実はそうではなかったと知って、人々は歴史が逆戻りするような感覚に襲われた。

　人類社会は進歩しているようで、その実歴史上現れたパターンを繰り返しているのではないか……米中対立を見ながらそんな思いを抱いてきた筆者は、ロシアのウクライナ侵攻を見て、この思いをいっそう深くしている。世界は歴史の大きな変わり目にさしかかっているのではないか……本稿ではそんな感想を綴りたいと思う。

デカップル化が進行する世界経済

　ロシアのウクライナ侵攻に対して、米・欧・日の西側諸国は前例のな

い経済制裁を課した。輸出入の制限措置や中央銀行の在外資産を凍結する措置は、ある意味でロシアのWTOメンバーやIMFメンバーとしての地位を剥奪するに等しい。そして、ロシア制裁に限らず、過去四半世紀の間に進んだグローバリゼーションの歩みが逆戻りするような出来事は、最近いろいろ起きている。

　昔のGATT体制には旧共産圏が加わっていなかった。それが「グローバル秩序」になったのは90年に冷戦が終結し、94年に設立されたWTOが旧共産圏を包摂するようになってからのことだ。併行して、物流・情報技術やインフラの発達、通商交渉による貿易障壁の低下により途上国経済の世界経済への統合も加速した。この結果、時間とコストを大幅に節約できる分業ネットワークが世界中に大きく枝葉を伸ばした。

　しかし振り返ると、効率を最優先に築かれたグローバル・サプライチェーンは、喩えてみれば、幸運に恵まれた農家のようなものだった。……日照も降水量もじゅうぶん、台風も虫害も何年も襲って来ない、種子や肥料は注文すれば直ぐ届けられ、近隣の農家とも良い近所付き合いができている……。

　一方、ロシアのウクライナ侵攻だけでなく、過去数年に起きた米中対立、コロナ・パンデミックの襲来といった出来ごとを上の喩えに倣って表せば、……天候は不順になり、風水害や虫害も襲ってくる、肥料は工場の事故のせいで秋まで入荷しないと言われ、仲良しだった隣の農家は、実はうちの新品種を盗もうとしていることが判明した……ようなものだ。

　世界経済の豊作もグローバル・サプライチェーンの繁栄も例外的な幸運に恵まれたものだとするなら、運勢の移り変わりにつれてグローバル・サプライチェーンが世界に拡げた枝ぶりも縮めざるを得なくなる。こうしてグローバリゼーションの巻き戻しが進んでいるのが昨今だと言えよう。

　喩え話から現実に話を戻そう。米中対立が激しくなり、経済安全保障

の重要性が叫ばれるようになってから、米中の通商関係はハイテク分野、人権関連を中心にルールの上書きが進行しており、これまでの自由貿易ルールの適用範囲は、あたかも北極海の氷のように縮小しつつある。

超党派の諮問・提言機関として米国の対中規制強化に大きな役割を果たしてきた米中経済・安全保障調査委員会（USCC）が昨年11月に出した提言は、さらに金融分野における対中規制や中国企業の在米上場の規制を強化することを内容としていた。

中国も、2年前には「サプライチェーンを武器のように使うことには断固反対する」立場だったが（習近平主席）、その後の米国の規制強化に「啓発」されたのか、最近は米国に倣うように新しい法律を次々と制定している。中国の「主権、安全、発展の利益を害する外国政府や組織の行為」に対して必要な報復措置を講じることも法制化され、データセキュリティを理由に外国への情報提供が制限されるようになった。

こうして世界貿易のほぼ1／4を占める米中両国を起点として、世界経済のデカップル化が進み始めた。さらに突然襲ってきたコロナ・パンデミックによって、各国でマスクを始めとする医療資材の欠乏が深刻化したことで、重要物資の安定調達のために生産を国内に回帰させる必要が叫ばれるようになり、この点でもグローバリゼーションの巻き戻しが加速する気配である。

ウクライナに侵攻したロシアに対して西側諸国が発動した厳しい制裁措置も長く尾を引きそうだ。プーチン政権が早期に崩壊して西側に親和的な新政権が誕生するなら話は別だが、ロシア国内のムードからして、その可能性は低いと思われるからだ。となれば、エネルギーや一次産品を中心に、ロシアと西側の経済的繋がりを解消させる力が働くだろう。

加えて、戦争に伴う黒海海運の混乱は、ロシア・ウクライナ両国が大きな世界シェアを占める小麦や肥料の供給に深刻な影響を及ぼして、中東やアフリカに食糧危機をもたらす恐れも取り沙汰されている。その意

味において、ウクライナ侵攻を機に、世界経済のデカップル化は、さらに階段を一段上った。

米国一極主導の国際秩序の耐用年数が尽きつつある

　前述したとおり、自由貿易体制が「グローバル秩序」になったのは90年に冷戦が終結し、94年に設立されたWTOが旧共産圏を包摂するようになってからのことだが、それは米国一極が主導する冷戦後の国際秩序、言葉を換えれば米国の覇権を抜きにしては成立しにくい仕組みだった。

　中国も20年前には「世界秩序への合流（「接軌」）を標榜していた。米国も「経済発展につれて中国の政治体制も民主化されていく」未来を信じていた。だいいち、米中両国の間には圧倒的な力の差があった。しかし、その後中国が飛躍的な経済発展を遂げ、自信を強めるにつれて風向きが変わった。中国では2008年のリーマン・ショック、2016年のブレグジットや大統領選をめぐる米国の内政混乱をみて、西側の価値観や体制を見習おうとする気持ちを失い、「中国には中国の国情がある」と主張することが増えた。最近は「米国が決めたグローバル・ルールには従わない」とすら、公言するようになった。米国はこうして自己主張を強める中国の姿勢に違和感を抱き、やがて国力において中国に追い付かれ、覇権を脅かされる不安にもかられるようになった。

　こうして信頼が損なわれ、心理的余裕も失われてくると、中国との間で従来のような自由貿易体制を維持することが難しくなってくる。「経済安全保障」論が勢いを増し、とくに対中強硬姿勢が際立つ米国議会などでは「中国を自由な貿易や資本の移動の対象から外す」ことが公然と語られるようになってきた。

　改めて考えてみると、自由貿易体制というのは、ひっきょう信頼でき

る相手との間でないと成立し難い仕組みなのではないか。

　米国は自由貿易体制に距離を置くだけでなく「世界の警察官」役からも身を退きつつある。バイデン大統領は就任早々『同盟国でないウクライナに米軍が出て行くことはない』と表明した。背後には「世界の揉めごとに巻き込まれるのはもうたくさんだ」という米国の広汎な民意があり、バイデン大統領が個人の信条だけでそう言った訳ではない。そう見たプーチン大統領は「世界の警察官はもはやいない」と信じてウクライナ侵攻を決断したのだろう。

　中国もロシアも米国の覇権の衰退を歓迎している。「多極化した世界は、今より民主的で公平なはずだ」と考えているのだ。だが、それは願望に過ぎない。「米国主導の国際秩序」は、たしかに幾多の不合理を抱えているが、一方で不安定な世界がバラバラにならないように樽を締める箍のような役割を果たしてきた。米国に対抗する姿勢を強める中露両国、自由貿易の退潮、ウクライナ戦争などは、みなこの箍が緩んで、樽が解体しかかっていることを暗示している。米国の国力の相対的低下、何よりも米国内の分断深刻化により、善し悪しは別に、この樽は耐用年数が尽きつつあるようだ。

見えてきた「Gゼロ」の素顔

　我々は今、大きな歴史の変わり目に立ち会っているのだろう。米主導の国際秩序が退潮を迎えていることは「Gゼロ」という言葉で何年も前から予言されてきたが、従来はっきり見えなかったその面相が次第に見えてきたように思う。

　自由貿易が輝きを失い、自国優先の保護貿易と政府介入の増大に取って代わられる現象は、大恐慌後の1930年代の世界で起きたことであり、いまの風潮は、90年前を彷彿とさせる。筆者は数カ月前まで「だから

と言って、今すぐ第三次世界大戦を心配する必要はない」と思っていたが、そうしたらロシアがウクライナに侵攻して、戦術核兵器の使用すら排除しない姿勢を示すようになった。

　これからの世界を待つ未来は、今まで言わば空気のように当たり前に受け止めてきた秩序が失われていく苦難に満ちた未来だ。経済一つ取っても、デカップル化が進むことによって、企業経営に喩えると「世界大の市場、需要を想定していたら、市場は分断され縮小する」「グローバル・サプライチェーンを再構築して生産を第三国に移転したり、本国回帰させたりすればコストアップは避けられない」という風だ。売上予測が落ちて経費が嵩めば、企業価値は当然下方修正される……そんな影響が個々の企業だけでなく、世界規模でマクロに及ぶ。

　こうして「経済安全保障」を重視すれば、世界経済の成長を阻害することは避けられない。「それは困る、イヤだ」と叫んだところで、世界史の大周期に従って起きる変化なので、止めることはできそうもない。冒頭の喩えで記したように、過去20年が出来過ぎだったのだ。好天は何時までも続くものではない。

　また、世界経済は今、数十年ぶりに戻ってきたインフレーションを抑え込むため、多くの国が利上げを余儀なくされている。これにより過去野放図にばらまかれてきたグローバル・マネーが収縮すれば、世界経済はさらに減速する。通貨危機に陥る新興国も出てくるだろう。そうなれば世界の各地で政情不安や国際紛争が起きて、経済成長に対するいっそうの重しになるだろう。

　修正主義国家、とくに中国は、これまで信じてきた「今より民主的で公平な多極化世界」が幻想に過ぎなかったことを悟るだろう。中国がこの20年間享受してきた「（発展のための）戦略的機遇（チャンス）の時期」は良くも悪くも、米国の覇権によって支えられてきた側面があったからだ。

西側諸国が結束して国際秩序の急速な瓦解を防ぐことが重要

米国覇権が後退し世界が不安定化していくのを嘆いてばかりいても仕方がない。米国の力が相対的に落ちて内向きになるのなら、残る西側諸国が力を振り絞り、米国を励まして、失われようとする秩序を維持する努力をしなければならない。

その意味で、ロシアのウクライナ侵攻に対して、米・欧・日の西側諸国が一致結束して反対、対抗する姿勢を採れたことは、バッドニュース続きの世界にあって、数少ないグッドニュースだった。また、西側に一致結束した姿勢を採らせたきっかけは、ウクライナが決然と抵抗して善戦したことだったのを忘れてはならない。

ロシアのウクライナ侵攻は、中国も台湾に武力侵攻するのではないかという問題にも影響を与えた。ロシアがウクライナで無血に近い電撃的勝利を収めると予想していた中国にとって、ウクライナの抵抗とそれを支える西側諸国の強力な物的支援は、台湾との関連でたいへん不都合な展開だ。

しかし、「侵略に抵抗すれば、世界が助けてくれる」という教訓を台湾が汲み取って、市民レベルでの抵抗の備えを始められるかどうか…これは純粋に台湾の内政問題だが、未知数だ。

また、万一中国が台湾に侵攻したとき、ロシアと西側の対立に中立、静観の態度を採った東南アジア諸国がNATO諸国のような結束した反対、対抗姿勢を採れるかどうかも未知数だ。両岸問題の平和的解決を願い、武力統一の事態は絶対避けるべきとする日本外交の責任は、この点で大きい。

日本や欧州など米国以外の西側諸国にとって、現行秩序の維持温存を図る努力が欠かせないのは、経済についても同じである。世界経済のブロック化の趨勢を止めることは難しくても、自由貿易秩序の急速な瓦解

は防ぐ努力をしなければならない。

　西側価値観は人類が歴史の中で試行錯誤を重ねて築き上げてきたものだ。いまは退勢が否めないが、今後混乱のサイクルを経れば、必ず回帰、復活する日が来る。そのことを信じてこれからの我々を待つ試練を乗り越えていかなければならない。

（掲載日：2022年6月17日）

経済安全保障からみた
ロシア・ウクライナ戦争

湘南工科大学 総合文化教育センター 教授

長 谷 川 将 規

長谷川 将規（はせがわ・まさのり）
湘南工科大学　総合文化教育センター 教授。
早稲田大学政治経済学部卒業、早稲田大学大学院政治学研究科博士課程単位取
得退学。湘南工科大学総合文化教育センター専任講師を経て、2018年より現職。
専門は、経済安全保障、エコノミック・ステイトクラフト。
主な著書、論文：『経済安全保障——経済は安全保障にどのように利用されているの
か——』（日本経済評論社、2013年）。「エコノミック・ステイトクラフトの歴史と未来
——メガラ禁輸からTPPまで——」『国際政治』（2022年2月）。"Close Economic
Exchange with a Threatening State: An Awkward Dilemma over China,"
Asian Security, Vol.14, Issue 2, 2018, pp. 155-171, "The Geography and
Geopolitics of the Renminbi: A Regional Key Currency in Asia," *International
Affairs*, Vol.94, Issue 3, 2018, pp. 535-552など。

　本年2月24日からロシアのウクライナに対する軍事侵攻が始まった。ウクライナ国民は死力を尽くして抵抗し、事実上の戦争が8月末現在も続いている。米国、EU、イギリス、日本などの西側諸国は、ウクライナに政治的、経済的、あるいは軍事的支援を提供する一方で、ロシアへの経済制裁を続けている。

　この戦争は今後どうなるのだろうか。また、この戦争が終わった後、我々にはどんな世界が待ち受けているのだろうか。本稿は、これらの問いへのヒントを「経済安全保障」（以下ES）の観点から考える。なお、本稿でのESとは「安全保障のために利用される経済的手段」を意味している。経済制裁、それに対抗するための経済手段、経済援助なども、

ESの一環として扱われる。

ロシアへの経済制裁は効いているのか

　この問いは難しい。なぜなら、経済制裁というものは常に「複数のターゲットと目的」をもっているからだ。西側諸国によるロシアへの経済制裁もまた、ロシア以外に以下のターゲットをもち、括弧内のメッセージを伝えている。

①ウクライナ（応援しています）

②自国民（政府はしっかり働いています）

③他の制裁参加国（ちゃんと協力していますよ）

④中国などの制裁不参加国（気をつけないと、あなたもロシアみたいになりますよ）

⑤台湾、ジョージア、モルドバなど（我々がついています。悲観しないで）

　そして、ロシアをターゲットとする場合でも、以下の多様な目的を含んでいる。

①反感や決意を示す

②停戦交渉に向かわせる

③占領地域から撤退させる

④経済を衰退あるいは崩壊させる

⑤軍事能力を低下あるいは崩壊させる

⑥プーチン政権を倒し、よりましな政権に交代させる

　以上のように、西側の対ロ経済制裁の有効性や成否は、「目的」次第、「ターゲット」次第で、答えが変わる。したがって我々は、どのような目的、どのようなターゲットなのかを常に問いながら、経済制裁を評価する必要がある。

現在のところ、経済制裁は、ロシアを撤退させることも、停戦交渉に向かわせることもできていないし、ロシアの経済と軍を崩壊させたり、政権を交代させたりすることもできていない。これらの点では経済制裁は今のところは「有効」ではなく「不成功」といえるかもしれない。だが、ロシアの経済と軍を徐々に消耗させて戦争継続コストを高めること、また、巨大な経済力をもつ中国の対ロ支援を抑制させること、これらには一定の効果をあげている。例えば、ロシアによる侵攻後、中国はアジアインフラ投資銀行のロシア関連取引を停止したり、半導体の対ロ輸出や銀聯カードの対ロ提供を控えたり、SPFS（ロシアがSWIFTを迂回するために構築した貿易通信・決済システム）とCIPS（人民元の国際銀行間決済システム）を連結させる金融・貿易協力を避けたりしている。

　こうした中国側の自制については、侵攻後数日で決定されたロシア系主要金融機関のSWIFT排除とロシアの外貨準備凍結、さらに、その数日後に行われた米国製半導体製造装置とソフトウェアの供給停止の脅しなどが有効であったと推察される（CIPS参加銀行の多くはSWIFT経由で参加しており、中国の外貨準備の半分以上はドル建てであり、中国の産業に不可欠な半導体や関連技術が米国から提供されている）。

　しかし、西側の対ロ経済制裁は、ロシアの戦争継続コストを高めたり、中国の対ロ支援を抑制させたりする上で一定の効果を発揮しているものの、ロシアを停戦交渉に向かわせたり、占領地を放棄させたりするような「重要な譲歩」や政権交代を引き出すには至っていない。今後、西側諸国は、経済制裁というESによってこれらを達成することができるだろうか。

　多くの専門家は、経済制裁によってロシアが被る「経済コスト」（輸出入、歳入、物価上昇率、経済成長率などの悪化）に注目している。しかし、経済制裁がロシアの譲歩や政権交代につながるのか否かを考える上で重要なのは、経済コストよりも「政治コスト」である。つまり、西

側の経済制裁によってロシアがどんな政治的苦痛を被るのかがカギとなる。経済制裁が深刻な政治コストをもたらすことができず、経済的なコストしか与えられないならば、それがかなり大きなものであってもロシアは耐え抜くだろう。過去にキューバや北朝鮮がそうだったように。

西側はロシアとのES闘争に勝てるのか

　では、ロシアを重大な譲歩や政権交代に導くような政治コストとして、どのようなものが考えられるだろうか。筆者の念頭に浮かぶのは以下の5つである。

　　①死活的な支持層（シロビキ、財界など）がプーチン大統領を見捨てる
　　②大規模な暴動や民衆蜂起が頻発する
　　③プーチン大統領に代わりうるカリスマ性ある指導者が台頭する
　　④ロシア軍が戦闘不能になる
　　⑤（経済制裁の後に）NATO軍が介入してくる

　ロシアに対する経済制裁が、これら①〜⑤の「どれか」を伴うならば、ロシアが譲歩したり政権が崩壊したりする可能性は高まる。しかし逆に、①〜⑤のどれも伴わなければ、ロシアは制裁を耐え抜くだろう。

　そして現状はというと、少なくとも現時点（2022年10月始め）では、①〜⑤の兆候は乏しい。一部オリガルヒの反発はあるものの①の事態には至っていない。②も部分動員令の発令後各地でデモが生じたが、これが政権を揺るがす国内混乱につながるかはまだわからない。③のような人物も現時点では見当たらない。④については、半導体や先端兵器の調達に苦しんでいるが、旧式兵器のストックは十分あり、ロシア側が望めば戦闘は継続可能である。⑤は、ロシアが大量破壊兵器を先制使用しない限り、想像しづらい。したがって、①〜⑤の兆候が乏しい現時点では

ロシアが譲歩する可能性は低く、また西側諸国やウクライナも譲歩しないとすれば、「軍事力」と「ES」の両方において、今後も過酷な闘争が、双方が音を上げる臨界点まで続くことになるだろう。

今日、西側諸国とロシアは「ESの闘争」を展開している。すなわち、互いに経済制裁を掛け合うとともに、自国経済を守るための経済防衛策を必死に模索している。西側諸国は、このES闘争に勝てるだろうか。

ロシアは、西側からの経済制裁に耐えながら、天然ガスを利用したカウンター制裁で反撃している。これまで、ポーランド、ブルガリア、フィンランド、オランダ、デンマーク、ドイツなどが、ロシアから天然ガスの供給停止あるいは大幅削減を被った。日本も7月初めにLNGを依存するサハリン2を事実上「接収」された。エネルギーの途絶と価格高騰によって家計が圧迫され、企業の投資・生産活動が停滞し、インフレと景気後退が併存するスタグフレーションに陥る。この暗澹たるシナリオが、今、西側諸国で現実味を増している。

一般的に、民主国は、経済的困窮に起因する世論の反発を、権威主義国ほどには巧妙に迂回できない。筆者は先に、経済制裁が相手の譲歩につながるか否かを考える上で重要なのは、経済コストよりも政治コストだと指摘した。だが、こうした政治コストは、西側の方がロシアよりも大きいのではないか。西側は今後ロシアのカウンター制裁に耐えられるのか。

最大の正念場がこの冬にやってくる。エネルギー不足、物価上昇、景気後退、工場の稼働停止、計画停電、国民の不平不満。欧米諸国はこれらに耐えねばならない。イタリアなど南欧諸国の債務問題も懸念される。今のドイツはギリシャ危機のときのドイツではない。自国のガス枯渇とスタグフレーションに怯えるドイツである。本年7月には一時、1ユーロの価値が1ドルを下回り、20年ぶりの歴史的なユーロ安となった。リーマンショックや欧州債務危機の際にも起きなかったことである。日本

もロシアにLNGを絶たれれば、上記の懸念が高まる。世界のガス需給は逼迫しており、日本がロシアに代わる長期契約先をすぐに見つけることは困難だ。そうなると高額なスポット価格で購入するしかないが、それは電気料金を押し上げ、家計と景気を圧迫する。こうした事態を避けつつロシアのLNG途絶の脅しにも屈しないためには、原発を再稼働するほかない。

　これらの難題を抱えてもなお、西側諸国はウクライナ支援で結束していけるのだろうか。それがこれから試されることになる。上記の難題に直面して西側諸国が腰砕けとなり、ロシアへの妥協と宥和に向かう可能性を無視することはできない。しかし他方で、この難局をうまく切り抜けることができれば、西側諸国はむしろこれを奇貨としてロシアへのエネルギー依存を克服し、経済的苦境への免疫と対処法を獲得し、経済的にも政治的にも強靱化されるかもしれない。そうなれば、西側諸国は今後もロシアとのES闘争を粘り強く続けていけるだろう。

ロシア・ウクライナ戦争は重要なのか

　もちろん重要にきまっている。しかし、「最も重要か」と問われれば、にわかには首肯しかねる。今後NATO軍とロシア軍が戦ったり、中国が台湾に侵攻したりしない限り（つまり第3次世界大戦にならない限り）、今後の西側世界にとって最も重要な問題は、おそらくもっと別の所にある。

　近年「新冷戦」という表現が散見される。だが、今日の世界は、かつての冷戦時代とは質的に異なる世界である。なぜなら、当時ほとんどなかった現象──「脅威国との密接な経済交流」（Close Economic Exchange with a Threatening State 以下CEETS）──が存在するからである。CEETSとは、より具体的に言えば、中国やロシアのような

「脅威国」とその脅威に苦しむ国家（以下「被脅威国」）との間に存在する、密接な経済関係を意味している。被脅威国にとってCEETSは深刻なジレンマだ。CEETSを続ければ、脅威国の経済力や技術力（さらにそれらを基盤とする軍事力）を向上させてしまうし、脅威国への経済依存が深まり、その結果脅威国のESに脆弱になってしまう。しかし、だからといってCEETSをやめてしまうと、今度は自国経済に重大な悪影響が生じ、国民の反発と政権の動揺を招いてしまう。

　今後の世界にとって深刻なのは、「ロシアとのCEETS」よりも「中国とのCEETS」である。中国は、ロシアの約10倍の名目GDPと人口を有し、ESとして武器化可能な経済ツールを多数保有している。それらは、5G、送電インフラ、AI、自動運転、デジタル金融、高速鉄道、レアアースやグラファイト、上記に関連する技術や規格標準、一帯一路構想に基づく資金援助、そして巨大な市場と購買力などである。今後はこれらに「国際化した人民元」も加わるかもしれない。

　世界は、中国とのCEETSに関して、またそれを背景とした中国のESに対して、どのように対応すべきなのか。この問題こそ、これから西側世界が直面する最も重要な地政学上の課題である。米国のトランプ大統領は「デカップリング」（中国との経済関係の劇的な縮小）を提唱したが、これはやり方を間違えれば経済的カオスを招く。かといって、これまで多くの識者やメディアが信奉してきた「経済的関与」に戻るわけにもいかない。それは既に破綻している。彼らによれば、経済交流の深化は、中国を豊かにして経済の自由化を促し、それがやがては中国の政治の民主化に、そしてまた外交の穏健化につながるはずだった。しかし、結果として現れたのは、国家と党が経済を支配し、独裁化と国民監視が進み、威圧的で強硬な外交を強める中国であった。

おわりに

　冷戦時代、米ソ間には経済交流がほとんどなく、人々は「経済」と「安全保障」を分けて生きていくことができた。現在は違うし、将来も違う。世界は「経済」と「安全保障」が混然一体となり、ESの観点なくしては適切な対応が不可能な時代に入った。現下の戦争においても、ウクライナを支持する西側とロシアとの間で、ESを利用した熾烈な闘争が展開されている。そして、この戦争が（幸運にも第3次世界大戦に至らずに）終わったとしても、今度は中国とのCEETSという難題が我々を待ち受けている。

（掲載日：2022年9月5日　改稿日：2022年10月12日）

日本はデカップリングを早まるな

東京大学 社会科学研究所 教授

丸 川 知 雄

丸川 知雄 (まるかわ・ともお)
東京大学 社会科学研究所 教授。
東京大学経済学部卒、アジア経済研究所を経て、2001年4月より東京大学社会科学研究所勤務。専門は中国経済・産業経済。
著書:『現代中国経済・新版』(有斐閣、2021年)、『タバコ産業の政治経済学』(共著、昭和堂、2021年)、『中国・新興国ネクサス』(共編著、東京大学出版会、2018年)、『チャイニーズ・ドリーム』(ちくま新書、2013年)、『携帯電話産業の進化プロセス』(共編著、有斐閣、2010年)、『現代中国の産業』(中公新書、2007年) 他。

中国への失望

　ロシアによるウクライナ侵攻が始まってからはや5か月。いまも戦争が終わる兆しは見えない。侵攻が始まって以来、私にとっては失望させられること、意外なことの連続であった。

　最大の失望はいうまでもなくロシアによる侵略そのものである。

　もう一つの失望は、中国のウクライナ侵攻に対する反応である。私は、内政不干渉と主権の尊重が中国の外交の大原則なのだと思っていた。香港、台湾、新疆、チベットなどに関して他国から人権侵害などの問題を指摘されても、中国は内政不干渉の原則を盾として頑として聞き入れようとしない。であるのならば、中国はロシアに対しても武力侵攻によって他国に干渉するのは間違いである、と表明してスジを通してほしかった。

　ところが、中国は武力侵攻に表立って反対を表明していない。結局、中国の内政不干渉、主権尊重の原則はご都合主義的なものだったのではないかと私は疑っている。つまり、自らと対立する国に対しては内政不干渉を求める一方、自国および自国と近い国は他国の内政に干渉してもいいと思っているのではないか。中国の外交には特定の原則に基づく一貫性はなく、今後中国がアメリカと対抗していくうえで重要なパートナーとなるロシアの弱体化を防ぎたい、欧米が強くなりすぎるのを防ぎたい、という力の論理に依拠しているだけではないだろうか、という疑念が生じるのである。

　また、中国が停戦に向けた働きかけに積極的に動こうとしていないことにも失望させられた。欧米各国がロシアに対する経済制裁を断行し、ウクライナに兵器を供与するなど半ば参戦してしまっている状況のなか、とりあえず中立を保ち、大きな経済力も持つ中国は、和平を仲介できるポジションにあるはずである。今後、アメリカと中国の国力が拮抗し、世界情勢の不安定化が危惧されるなか、中国が平和の回復に動くのではなく、むしろ力の論理に基づく動きを見せていることは将来への不安をかきたてる。

多国籍企業は制裁の主体であるべきか？

　私にとって意外だったことは、欧米による経済制裁がロシア中央銀行のドル建て資産の凍結やロシアの銀行の国際銀行間通信協会（SWIFT）からの排除、半導体や工作機械の輸出禁止など政府がらみのものにとどまらず、多数の民間企業も自発的に制裁に同調したことである。アップル、フォード、エクソンモービル、ナイキなど多数の多国籍企業がロシアから撤退した。特にコカ・コーラやマクドナルドまでロシアから撤退したのには驚かされた。

半導体は兵器の部品になりうるし、工作機械は兵器の生産に使われるので、これらの輸出を停止するというのは理解できる。だが、コーラやハンバーガーが戦争に関係あるはずがない。なぜ撤退する必要があったのだろうか。

　東西冷戦の時代、工作機械や半導体を自由主義陣営の国からソ連など東側の国々に輸出することは厳しく制限されていた。東芝の子会社、東芝機械がソ連に高性能の工作機械を不正に輸出したとしてアメリカで激しいバッシングにさらされたのは1987年のことである。だが、そうした時代にもアメリカからソ連へ小麦が大量に輸出されていた。小麦は兵器の生産に関係ないという理屈による。小麦がいいのであれば、コーラやハンバーガーをロシア人に販売することだってかまわないはずである。

　ロシアに対する制裁強化を主張する人の中には、ロシアに設立された現地法人は、ロシア政府に納税するのだから間接的にロシアの戦争をサポートしていることになる、だから撤退すべきなのだ、といった議論をする人もいる。たしかに現地法人がロシアで利益を上げれば、その一部は税金としてロシア政府に納めることになるが、税引き後利益は出資者である親会社への配当として本国に還元される。だから、現地法人が利益を上げることは親会社の本国の税収増にもつながっているのであり、ロシア政府ばかりに利益をもたらしているわけではない。

　仮に現地法人が設置されている国とその親会社が設置されている国が国際紛争をめぐって対立した時、現地法人がどちらの国の立場に立つべきかは自明のことではない。現地法人が親会社の国の手先だと見なされることは、多国籍企業にとってむしろ事業の障害となる。かみ砕いていうと、ロシアにある日本企業の現地法人は日本の手先としてふるまうべきではないし、日本の手先だとみなされることはロシアでのビジネスの支障となる。

　ロシアに設置された現地法人は、当然ながらロシアの法律に従わなけ

ればならないし、ロシアでの納税の義務も負うし、従業員の大半もロシア人であろうし、CSR（企業の社会的責任）活動もロシアで行うべきであろう。ところが、今般のウクライナ戦争では欧米の多くの企業が侵略に抗議するとしてロシアから撤退する決定をした。つまり、親会社が本国の政治的立場に同調したことによって現地法人も親会社の方針に従った。ロシアが「多国籍企業」だと思って投資を受け入れたら、実はアメリカ政府に忠実な「アメリカ企業」だったというわけである。

　このことは、これまで自国の発展に役立つとして多国籍企業の直接投資を受け入れてきた他の発展途上国を恐怖に陥れるであろう。もし自国とアメリカが対立するようなことになった場合、米系多国籍企業の現地法人はアメリカの手先として動き、自国にダメージを与えるかもしれないのである。そうなると今までのように多国籍企業を手放しで歓迎することはできなくなる。

　そう考えると、日本企業が欧米企業に比べてロシアからの撤退に及び腰なのはむしろ正解である。少なくとも日系多国籍企業の現地法人は日本の手先ではないことになるからである。帝国データバンクによれば、ロシアに進出している日本の上場企業は168社で、うち74社はロシアでの事業の停止または撤退を表明しているが、その多くは物流の混乱などを理由に生産や販売を停止しているだけで、撤退したのは5社にすぎない。イギリス企業の場合は46％、アメリカ企業は27％が撤退したのに対して日本企業の撤退率は5％にとどまるという（『時事ドットコム』2022年7月27日）。最近トヨタがサンクトペテルブルク工場での生産を終了することを発表したが、その理由として部品調達が半年にわたって滞り、生産再開のめどが立たないことを挙げており（トヨタ自動車ニュースリリース、2022年9月23日）、戦争に対する態度表明はしていない。

「デカップリング」を早まるな

　中国はこれまでのところロシアの侵略を止めようとしていないが、軍事的に加勢してもいない。だが、今後仮に戦局がウクライナ有利に展開し、ロシアが追いつめられるような場面が到来したら、中国が本格的なロシア支援に乗り出す可能性が高まる。そうなれば欧米や日本の経済制裁の対象に中国も加わることになり、日本企業の中国ビジネスも大きな影響を受けよう。「中国とのデカップリング」がいよいよ現実のものとなるかもしれない。

　しかし、日本と中国の経済関係は、日本とロシアの経済関係に比べてはるかに広くて深い。日系企業の現地法人の数もロシアが129社であるのに対して中国本土は6303社と桁違いに多い（経済産業省『海外事業活動基本調査』2020年）。日本の中国との貿易の途絶や、日本企業の中国事業の停止は、中国にも一定のダメージを与えるが、それ以上に日本にダメージを与える。

　2021年の中国のGDPは日本の3.4倍になった。中国の対外貿易額は日本の4倍である。この単純な事実からして日本と中国の経済関係が途絶した時にどちらがより大きなダメージを受けるかは自明であるが、中国の経済規模が日本の4分の1、5分の1でしかなかった前世紀の記憶をいまだ引きずっている人たちはどうもそのことが分かっていないようである。

　2000年まで日本は中国の対外貿易の2〜3割を常に占めており、中国は鉄鋼、化学肥料、機械などを日本からの輸入に頼っていた。だが、貿易における日中の依存関係は2005年あたりに逆転し、むしろ日本が中国に依存する関係になっている。

　図1では中国の輸入額に占める日本とアメリカの割合を示しているが、2016年から2022年という短い期間にも日本の割合は9.2%から6.9%に低

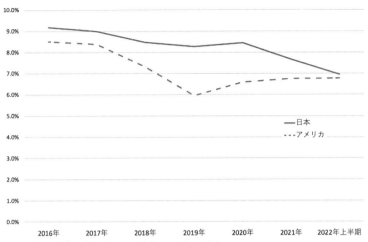

図1　中国の輸入額に占める日本とアメリカの割合
（出典）中国海関統計

下している。意図的かどうかはともかくとして、中国の「脱日本化」が
ますます進んでいるのである。

　一方、アメリカの割合は、トランプ政権時代の2018年7月から米中が
相互に関税を上乗せしあう米中貿易戦争が始まったことから2019年に
大きく落ち込んだが、それ以降はむしろ上昇し、近く日本を抜きそうな
勢いである。つまり、中国から見れば日本とは「デカップリング」、ア
メリカとは「リカップリング」していることになる。

　トランプ政権時代から中国とアメリカの「デカップリング」を代表す
る例としてしばしばマスコミ
で取り上げられてきたのが
ICである。中国は2015年の
「中国製造2025」のなかでIC
を重点分野の一つに挙げ、
ICの国産化に努めてきた。
一方、アメリカは中国のIC

表1　各国の中国に対するICの輸出（単位：億ドル）

年	日本	台湾	韓国	アメリカ
2017	69.9	264.1	351.9	52.9
2018	75.8	304.3	463.2	61.0
2019	67.3	325.4	326.8	81.5
2020	68.0	421.9	362.2	101.6
2021	84.3	491.4		122.7

（出典）UN Comtrade

メーカー、SMICに対する設備輸出をブロックすることで中国のIC国産化の野望を妨害してきた。また、アメリカは中国の通信設備大手、ファーウェイを危険な企業だとみなし、アメリカからのICやソフトウェアをファーウェイに輸出する場合には商務省の許可が必要だとした。2020年からはその規制を、アメリカの技術やソフトを使う外国企業にまで広げ、日本の企業もファーウェイにICなどを輸出する場合にはアメリカ商務省に許可を願い出なければならないことになった。こうした規制強化により、日本やアメリカから中国へのIC輸出は減っていると思われるかもしれない。

ところが、表1にみるように、アメリカから中国へのIC輸出は2017年から21年の間に2.3倍に急増している。台湾から中国へのIC輸出も大幅に伸びている。一方、日本から中国へのIC輸出も伸びてはいるものの、わずか20%の増加にとどまり、アメリカに抜かれてしまった。この数字を見ると、ICにおける「デカップリング」は現実には起きておらず、むしろ日本が「デカップリングさせられている」のではないかという疑惑も生じてくる。「アメリカの裏切り」という言葉さえ浮かんでくる現実がここにある。

日本企業が「中国とのデカップリング近づく」という見方に恐れおののいて中国ビジネスの展開を躊躇しているうちにアメリカや台湾の企業にビジネスチャンスをさらわれているのではないだろうか。だが、幸か不幸かまだ中国は経済制裁の対象とはなっておらず、中国ビジネスを諦めざるを得ないような場面ではない。デカップリングせざるをえなくなる局面を想定しておく必要はあるだろうが、必要もないのにデカップリングして自らの首を絞めることは避けたいものだ。

（掲載日：2022年8月4日　改稿日：2022年9月30日）

第 **3** 章

変わるパワーバランス

ウクライナ侵攻と中露関係

慶應義塾大学 教授

廣 瀬 陽 子

廣瀬 陽子（ひろせ・ようこ）
慶應義塾大学 総合政策学部 教授。
慶應義塾大学総合政策学部卒、東京大学大学院法学政治学研究科修士課程修了、
同博士課程単位取得退学。学位は博士（政策・メディア）（慶應義塾大学）。慶應
義塾大学総合政策学部講師、東京外国語大学大学院地域文化研究科准教授、静
岡県立大学国際関係学部准教授、等を経て現職。専門は国際政治、旧ソ連地域研究。
2018～2020年には国家安全保障局顧問に就任するなど政府の役職も多数。
主な著書に、『コーカサス　国際関係の十字路』（集英社新書、2008年7月）【第
21回「アジア・太平洋賞」特別賞受賞（2009年）】、『未承認国家と覇権なき世界』（N
HK出版、2014年8月）、『ハイブリッド戦争　ロシアの新しい国家戦略』（講談社現
代新書、2021年2月）など多数。

　ロシアのウクライナ侵攻がもたらした衝撃は極めて大きく、様々な影響、変化をもたらしている。それら変化の一つとして指摘したいのが、国際関係の構図にも大きな影響を与える中露関係の動きである。中露関係は元々単純なものではないが、本稿では中露関係の流れを概観し、特にウクライナ侵攻後の両国間の関係性の変化について検討する。

旧ソ連圏でのパワーバランスから見る中露関係

　ソ連解体はユーラシアの力の真空を生んだ。他方、欧米勢力は旧共産主義諸国の民主化・経済改革に乗り出し、旧共産圏を、欧州スタンダードを備えた国々に変革しようとしていた。しかし、それはロシアからは

ロシアの勢力圏を侵害する行為に思われた。そして、ロシアはユーラシアで欧米とパワーゲームを展開することとなり、EUやNATOへの加盟を目指す、ウクライナ、ジョージア、モルドヴァ（モルドヴァはNATO加盟の希望を表明したことはない）を牽制し、欧米側にいかないよう様々な手段（後述）を使ったのである。また、2000年半ばまでは反露的な性格が目立ったアゼルバイジャンも加わるGUAM（ジョージア、ウクライナ、アゼルバイジャン、モルドヴァというメンバー国の頭文字をとった地域機構。一時、ウズベキスタンもメンバー）に対しては、ロシアは警戒感を強めてきた。

　こうして、旧ソ連解体後のユーラシアはロシアと欧米のパワーゲームが成立しているかに見えたが、2010年に入ると、経済力をバックに中国の世界における存在感が極めて大きくなっていった。その傾向はユーラシアでも顕著に見られるようになり、旧ソ連、特に中央アジア領域では、近年、ロシアと中国が勢力圏抗争を展開するような状況になった。

　ロシアにとって、中央アジアは特に重要な勢力圏であり、中国の進出は決して望ましいものではなかったが、中露は双方のルール、すなわちロシアは「政治、軍事」部門を、中国は「経済」部門をそれぞれ分業することにより、共存共栄ができるはずであった。そして、ロシアはユーラシア経済同盟を、中国は一帯一路計画を成功に持って行けるはずであった。

　しかし、近年、中央アジアにおける中国の影響力は、政治、軍事部門にも及ぶようになり、ロシアは当然それを快く思ってはいなかった。それでも2014年のロシアのクリミア併合、ウクライナ東部の混乱への介入で、ロシアが欧米から数多くの制裁を発動され、国際的孤立が目立つようになると、中露関係は、史上最高レベルの戦略協力関係になったと称されるようになった。それでもなお、中露関係は「離婚なき便宜的結婚」ともいうべき微妙なものであった。すなわち、あくまでも戦略的に

関係を深めるものの、双方ともに相手を心底信用せず、決して離れることはないが、軍事同盟の締結などには至らない関係だと言えよう。具体的には、対米戦略では協調できるものの、お互いの「核心的利益」、例えばロシアのクリミア、中国の台湾、香港などには極力コミットしない、特に、戦闘が起きた場合には関与しないというような関係だと言えよう。ただし、2022年に入り、ロシアの対中依存度がより顕著になり、ロシアの立場がかなり弱いものになると、ロシアは「一つの中国」への支援を表明するなど、中国の革新的な利益である台湾問題などにかなり踏み込んだ発言をするようになった。

　また、ロシアと中国は、BRICS[1]や上海協力機構（SCO[2]）を主導しており、それらにおいても表面的には良好な関係に見えるが、実は各組織内でも勢力圏争いを続けてきたのである。

　つまり、2022年までの中露関係は、純粋な蜜月関係ではなく、対米関係では一致できるものの、勢力圏構想が交錯する地域、国際機構・グループなどではより強い影響力、ないし主導権をめぐって、中露のせめぎ合いがあったと言って良い[3]。

ロシアのウクライナ侵攻と中国

　中露関係は、ロシアのウクライナ侵攻で新たな局面に入ったと言えると考える。

　まず大前提として、中国はロシアのウクライナ侵攻を快く思っていなかった。特に、中国は2022年2月、3月に北京で冬季オリンピック・パラリンピックを自国開催していた。平和の祭典オリンピックの期間に戦争が起きることは特に避けたかったはずである。なお、2008年には北京で夏季オリンピック・パラリンピックが行われたが、まさにオリンピック開会式を狙ったかのように、ロシア・ジョージア戦争が勃発し、中

国の面目が潰された記憶も鮮烈だったはずだ。

　そして、ロシアのプーチン大統領は、冬季北京オリンピックの開会式出席のために訪中し、その際に行われた習近平主席との首脳会談で、侵攻の意図を伝えたと考えられている。そして、当然ながら、オリンピック・パラリンピック期間の戦闘は行わないことが約束されたものと思われる。

　恐らく、習近平主席は、ロシアが行う侵攻は東部2州への限定的攻撃であり、短期で終わると想定していたと思われる。他方、ウラジーミル・プーチン大統領は、ウクライナ全土への攻撃を想定しつつも、3日ほどで首都・キーウを陥落させ、ウォロディミル・ゼレンスキー大統領は逃げ去り、親ロシア的なウクライナを手中に収めることが容易にできると考えていたようである。そのため、ウクライナ侵攻が開始された2月24日は、まさに北京オリンピックとパラリンピックの端境期であったが、プーチン大統領はその端境期の3日ほどで自分の計画が達成できると考え、侵攻を開始したと思われる。習近平主席の面目を潰すつもりはなかったはずだ。だが、現実にはロシア側の目論みは全て崩れ、戦争は泥沼化した。そしてパラリンピック期間も世界の目はウクライナ侵攻に釘付けとなったのだ。

　中国としては、ロシアのウクライナ侵攻は許しがたかった。パラリンピックに泥を塗られただけでなく、中国にとってはウクライナとの関係も良好かつ重要だったからだ。中国はウクライナから空母や砕氷船を購入するなど、軍事的にかなり支えられてきたし、鉄鋼や小麦、穀物などの農産品も多く輸入していた。また、ウクライナの農地を借り入れ、中国人農民を大勢送り込んだりもしていた。

　そして、侵攻によって、中国のロシアとの付き合い方も難しくなった。中国にとってこのような侵攻を始めてしまったロシアは、もはや厄介な存在となったし、ロシアを支援することによって中国も欧米からの制裁

対象にされることはなんとしても避けたかった。だが、米国と対抗していく図式の中ではロシアを突き放すこともできない、というジレンマに中国は苛まれることになった。そこで、中国は、明確にロシアを批判することもせず、しかし、軍事的には支援することもしないという姿勢を貫きつつ、経済的関係の強化によって、実質的にロシアを支え、また、ロシアに反対しないことによって消極的な政治的支援をしてゆくこととなる。そのため、たとえば国連における様々なロシア非難決議などでも、中国は「棄権」を貫いてきた。

　そして、ロシアにとって、中国の存在感はますます大きくなった。特に欧米が制裁によってロシアの天然資源（石炭、天然ガス、石油）の購入をやめてゆく中、そしてロシアも実質的に輸出を自ら止めていった局面において、中国（そしてインド）が、侵攻前よりも多いロシアの天然ガス、石油を購入してくれている現実は、ロシアにとっては極めて有難い状況であった。さらに、ロシアは制裁により欧米諸国からの「輸入」ができなくなってしまったが、その穴を埋めているのも中国だ。

　ロシアは中国に依存しなければ、国際的孤立に陥っている現状を乗り切ることができない状況だ。その状況は中露の関係性にも大きな影響を与えることになった。実は、両国関係は2018年頃から中国の方が優位に立つようになっており、ロシアは中国と対等な関係であるように繕ってきたものの、実際は両国間の格差を実感していたとみられている。しかし、ロシアが中国のジュニアパートナーであるという構図は、ウクライナ侵攻で生まれた新たな国際情勢の中で、より確固たるものとなったといえる。中国は、ロシアの天然資源を安く買い叩き、他方で、中国製品などを高く売りつけ、政治的姿勢もより強気になってきているといえるのである。

ウクライナ侵攻の間にも揺れる中露関係

　このように、ウクライナ侵攻によって、中露関係は新たな段階に移行したといえるが、危機の最中でも、侵攻開始から現在（脱稿時、10月初旬）までの間、中国は国際政治の動き、ロシアの出方によって、ロシアとの距離感を若干変えてきたといえる。

　中国はロシアの侵攻中、一貫して付かず離れずの姿勢を堅持しつつも、相対的にロシアにより接近した契機が2度あり、距離を取った契機が1度あった。

　前者については、まず、6月29日にNATOが新戦略概念を発表した際に見られた。新戦略概念とは、NATOの今後10年の大局的な指針を示すものであるが、ロシアを最も深刻な直接の脅威として位置づける一方、同文書としては初めて中国に触れ、体制上の挑戦であるとした。このことは中国を刺激し、反米感情を高めたことから、反比例的にロシアへの接近につながった。そして、第二に、8月2日にナンシー・ペロシ下院議長が台湾を訪問した際に、中国が反米感情をあらわにし、軍事演習含め、中台関係が厳しい緊張下に置かれた際にも中露関係は相対的に接近したと思われる。この際に、ロシアが中国の情報戦を全面的に援護射撃したことも興味深い展開であった。

　他方、9月に入り、ウクライナの反転攻勢が顕著になり、ロシアが劣勢に置かれてくると、中国の対露姿勢は明らかに冷淡になった。9月1日〜7日にロシア極東で行われた軍事演習「ボストーク2022」には中国軍もインド軍などと共に参加し、中露関係の強化を見せつける一方、政治レベルの対話では中露間の距離がより感じられる展開となった。

　まず、9月5日〜8日にロシアのウラジオストクで行われた東方経済フォーラムには、中国共産党序列第3位とされる栗戦書が出席し、コロナ禍で最高指導部が海外訪問を控えている中ではロシア重視の表れと見

られた一方、この際に、栗がプーチン大統領に中国は、特に軍事面では
ロシアを支援できないと、かなり厳しく釘を刺したとも言われている。

　さらに、9月15、16日にウズベキスタンで開催された上海協力機構サ
ミットでは、中国が明白にロシアを軽んじる様子が窺え、さらに、ロシ
ア側もその事実を如実に認識せざるを得ない状況があった。同サミット
は、コロナ対応で外遊を控えてきた習近平主席のコロナ問題発生後の最
初の外遊となったが、まず習が訪問したのはカザフスタンであり、さら
にウズベキスタンに移動後も、ロシアに先んじて中央アジア諸国などと
会談をしてからプーチン大統領との2月4日以来の対面での会談に臨む
という展開となった。さらに、会談前に、プーチン大統領は「ウクライ
ナ情勢に関する中国側の懸念は理解している」と述べるなど、中国が困
るような依頼をしないと約束しているかのような異例の発言をした。同
発言は、東方経済フォーラムの際に栗に釘を刺されたことへの返答にも
見えた。

　さらに中国は、9月21日にロシアがウクライナ東部2州、南部2州の
併合を宣言し、茶番の「住民投票」などを経て、30日に併合を宣言し
たことを特に重く見ており、ロシアから確実に距離を取るようになった
ようだ。これまでと同様に、国連の場などではロシアを批判することは
なく、安保理決議も棄権したが、これまでとの温度差は歴然としている。

結びにかえて

　このように中露関係はウクライナ侵攻でも大きな影響を受けたといえ
るが、旧ソ連諸国が今回の侵攻でロシアが苦戦するのを見て、ロシアを
軽視するようになったのも事実だ。[4]そのような中で、中国の存在感が高
まるのは自明である。本侵攻は、中露関係だけでなく、ユーラシアのパ
ワーバランスにも大きな影響を与えた。他方で、インドなどの存在感も

高まっており、今後、ユーラシアのパワーバランスをより多角的に再検討する必要があろう。

（掲載日：2022年10月17日）

《注》
1) BRICSとは、ゴールドマン・サックスの2002年11月30日の投資家向けレポート『Building Better Global Economic BRICs』で、2000年代以降に成長の著しい四カ国として、ブラジル・ロシア・インド・中国がBRICsとして紹介されたものが前身で、のちに南アフリカが加盟してBRICSとなったもの。
2) 国際テロ・民族分離運動・宗教過激主義などへの対抗や経済面・文化面での協力を目的に、1996年4月に中露、カザフスタン、キルギス、タジキスタンが結成した「上海ファイブ」が前身。2001年にウズベキスタンが参加して、「上海協力機構（SCO）」へと発展した。2017年にはインドとパキスタンも加盟し、2022年にはイランの加盟も決まった。
3) 近年までの中露関係については、拙著『ロシアと中国　反米の戦略』（ちくま新書、2018年）を参照されたい。
4) 拙稿「ロシアと「近い外国」― ウクライナ危機で変わる関係性」（『三田評論』7月号、2022年）を参照されたい。

構造的変容を強いられる朝鮮半島

南山大学 教授

平 岩 俊 司

平岩 俊司（ひらいわ・しゅんじ）
南山大学 総合政策学部 教授。
1960年生まれ。東京外国語大学外国語学部朝鮮語学科卒、慶應義塾大学大学院
法学研究科後期博士課程単位取得退学、慶應義塾大学より博士（法学）。この間
韓国延世大学本大学院政治学科博士課程に留学。松阪大学政治経済学部助教授、
駐中華人民共和国日本国大使館専門調査員、静岡県立大学大学院国際関係学研究
科教授、関西学院大学国際学部教授を経て南山大学アジア・太平洋研究センター長
／総合政策学部教授。専門は現代韓国朝鮮論。主な著書に『朝鮮民主主義人民共
和国と中華人民共和国』（世織書房）、『北朝鮮—変貌を続ける独裁国家—』（中公
新書）、『独裁国家・北朝鮮の実像—核・ミサイル・金正恩体制』（坂井隆との共著、
朝日新聞出版）、『北朝鮮はいま、何を考えているのか』（NHK出版新書）など。

　国際社会が衝撃を持って受け止めたロシアのウクライナ侵攻は、ヨー
ロッパのみならずアジアの国際関係にも多大な影響を及ぼすこととなっ
た。朝鮮半島についても、従来の朝鮮半島を巡る対立構造に根本的な変
容を迫る可能性すらありうる衝撃と言ってよかった。

　そもそも冷戦終焉後の朝鮮半島情勢を考える時、朝鮮半島の2つの政
権にとっては中国との関係こそが死活的であった。

　冷戦終焉とともに朝鮮半島を巡る国際関係で孤立した北朝鮮にとって
アメリカといかに向き合うかが最重要の課題となり、そのためにも中国
は唯一の後ろ盾だったが、中国の影響力が大きくなりすぎることへの警
戒感もあった。主体（チュチェ）—すなわち自主独立を国是とする北朝
鮮が、中国と向き合うときの建国以来の課題だったのだ。

　一方、冷戦の終焉過程で中国と関係を正常化した韓国は、安全保障は
アメリカに依拠し、経済は急成長する中国経済の勢いを利用し、さらに
北朝鮮への影響力の大きい中国との関係を強化することで南北関係につ
いても有利に立とうとした。ところが、その結果、中国への経済的依存
度が高くなりすぎ、韓国にとっての中国の存在感が大きくなりすぎてし
まった。米中競争が激しくなればなるほど韓国は板挟みになるという難
しい構造に陥っている。

　このように朝鮮半島をめぐる国際関係には米中関係が大きく影響する
構造となっていた。ところが、こうした状況で発生したロシアのウクラ
イナ侵攻は、米中関係にくわえてロシアという新たな変数を意識させる
こととなり、朝鮮半島をめぐる国際関係に構造的な変容をもたらす可能
性があり、そうした兆候はすでに出始めている。

　北朝鮮と中国のロシアによるウクライナ侵攻への対応は微妙に異なっ
た。中国が、2022年2月25日に国連安保理でアメリカなどが提出した
ロシア非難決議案や、3月2日に開催された国連総会緊急特別会合での
ロシアに対する軍事行動の即時停止を求める決議案に拒否権は使わず棄
権との立場を取ったのに対して、北朝鮮は明確にロシア支持の立場を取
った。

　2月28日、北朝鮮外務省報道官がロシア軍によるウクライナ侵攻につ
いて「他国に対する強権と専横に明け暮れている米国と西側の覇権主義
政策に根源がある」と述べ、中国が棄権票を投じた国連総会緊急会合で
も反対票を投じて明確にロシア支持の立場をとり、アメリカおよび西側
諸国を批判したのである。北朝鮮にとってロシアは、国連などの場で中
国とともに北朝鮮の立場を擁護してくれる存在であったが、ウクライナ
侵攻について明確にロシアを支持し、なおかつアメリカを批判すること
で、ロシアとの関係をさらに強化することができる、との判断があった
と言ってよい。

もとより中国と北朝鮮では国際社会における立ち位置が全く異なるのでウクライナ情勢に対する対応の違いはむしろ当然と言ってよい。国連常任理事国の中国にとって、完全にロシアの側に立てば国際社会の分断を後押しすることになる。その一方で、ウクライナ情勢が落ち着けば次は中国が批判の対象となるかも知れない、そうした懸念があるため、中国外務省の華春瑩報道局長の発言にあるように「各国が自制を保ち、事態が制御不能とならないよう求める。平和への扉を閉じず、対話と協議を継続することを希望する」との立場にならざるをえないだろう。

　一方の北朝鮮は、2020年1月の第8回朝鮮労働党大会で国防力強化の方針を決定し、その後国防五カ年計画に従って各種ミサイル発射実験を繰り返していた。とりわけ国防五カ年計画で目標とされている核兵器の多弾頭化や戦術核の開発のために必要とされる核の小型化、軽量化のためにも通算7回目となる核実験を行いたいはずだ。しかし、これには中国の反対があるといわれている。習近平総書記は2022年秋の第20回中国共産党大会で3期目続投を目指すことが確実視されていたため、北朝鮮のミサイル発射や核実験によって朝鮮半島情勢が不安定になることは習近平政権の続投に水を差すことになるからだ。とりわけ核実験を強行すれば中国の東北地方にも影響が出かねないため北朝鮮が核実験を強行することは難しいと思われていた。だからこそ、北朝鮮は2021年の年初から各種ミサイル発射を行って国防力強化を目指してきたにもかかわらず大陸間弾道弾（ICBM）発射や核実験については慎重な姿勢を取ってきたと言ってよい。

　こうした状況は、ロシアがウクライナに侵攻したことにより大きく変化し始める。ロシアは2月24日にウクライナ侵攻を開始したが、その3日後の27日に北朝鮮は弾道ミサイルを発射した。北朝鮮はこれを「偵察衛星開発」のための実験とし、3月5日にも「偵察衛星開発計画に従って再び重要試験」として弾道ミサイルを発射した。そして3月24日、

ついに北朝鮮はICBM発射実験を行い、これを新型ICBM火星17の発射実験の成功と宣言したのである。さらに、2018年のアメリカ、韓国との一連の対話を前にして爆破閉鎖していた豊渓里の核実験場を再び稼働するための作業を進めているとの情報もあり、通算7回目となる核実験を強行するのではないか、として国際社会は警戒することとなる。北朝鮮のこうした強硬姿勢にロシアのウクライナ侵攻が関係していることは間違いない。

　冷戦期の中ソ対立が激しかった頃、北朝鮮は中国とソ連の間を振り子のように動き、中国、ソ連双方の北朝鮮に対する影響力が大きくなりすぎないようバランスを取ろうとした。中国に対してはソ連カードを、ソ連に対しては中国カードを交互に使い、ソ連と中国から安全保障や経済協力などの必要なものをもらい、社会主義超大国である中ソから適当な距離をとって政治的自由を得ていたのである。もちろん冷戦期のそれと今とでは状況が大きく異なり、北朝鮮にとっての中国の持つ意味はロシアのそれと比較にならない。しかし、アメリカとの対決姿勢を前提とすれば、アメリカと激しく対立するロシアは北朝鮮にとって利用価値がある。ロシアとの連携を前提にして北朝鮮は、これまでアメリカのみならず中国でさえ否定的だったICBM発射実験や核実験の封印を解くことができるようになったのである。

　北朝鮮が仮にICBM発射実験や核実験を行ったとしても中国が擁護してくれるとの期待が北朝鮮にはあるだろうが、北朝鮮問題についてアメリカと協力可能、との立場を取る中国の反応は北朝鮮にとって読みづらい。それに比べてロシアは明確に北朝鮮擁護の立場を取ってくれるはず、との思いが北朝鮮にあったとしても不思議ではない。

　実際、5月26日、国連安保理は北朝鮮のICBM発射に対して制裁を強化する決議案を採決したが、中国とロシアの拒否権行使で否決されたのである。もとより、ロシアのウクライナ侵攻がなかったとしても北朝鮮

への制裁緩和を主張していた中国は拒否権を発動したかもしれないが、ロシアとの関係強化が北朝鮮に確信を与えたことは間違いない。アメリカにとっての喫緊の課題がウクライナ問題となり、北朝鮮の行動に十分注意を払えないだろう、との判断があるとすれば、北朝鮮は今こそ国防力強化の好機と考えるかもしれない。しかも、ロシアという変数が加わったことで朝鮮半島情勢はさらに複雑化し、北朝鮮も核実験を含めたより思い切った行動に出る危険性が高まったと言わざるを得ない。

　一方、ロシアのウクライナ侵攻が始まった直後の3月9日に大統領選挙を迎えた韓国では、尹錫悦候補が当選し、5年ぶりの保守政権が誕生したが、対外関係の調整は韓国の新政権にとって重要な課題であった。リベラル政権であった文在寅政権の対外関係は、徴用工問題、慰安婦問題などで戦後最悪と言われた日韓関係のみならず、韓国外交の基軸であるはずの米国との関係も北朝鮮政策や中国との向き合い方をめぐって必ずしも完全に一定しているわけではなかった。だからこそ尹錫悦政権にとって日米との関係修復は最重要課題だったのだ。

　こうした状況下、日本、アメリカを軸に、中国の海洋進出、北朝鮮の核ミサイル問題など、東アジアの安全保障環境の変化に対抗すべく新たな展開を見せていた。自由や民主主義、法の支配といった基本的価値を共有する日本、アメリカ、オーストラリア、インドの4カ国の枠組みであるクアッド（Quad：日米豪印4カ国戦略対話：Quadrilateral Security Dialogue）、がそれである。

　また、経済についても、2022年5月のバイデン大統領の韓国、日本歴訪に際して、新たな経済連携「IPEF＝インド太平洋経済枠組み」の立ち上げが宣言された。日本としてはトランプ政権、バイデン政権ともに否定的な姿勢を取るTPPへのアメリカの復帰に期待を残しながら、IPEFに肯定的姿勢を示しアメリカとの連携維持を強調した。それゆえ、政治、安全保障についてはクアッドを軸に、経済的にはIPEF－アメリ

カの姿勢変化があればTPPを軸にアジア・太平洋地域での経済連携を
強めていく、そうした流れができている。

　こうした構想の中で尹錫悦政権も積極的に対応しようとしている。ク
アッドへの参加に消極的だった前文在寅政権に比べ、尹錫悦大統領は米
紙ウォール・ストリート・ジャーナルのインタビューに、クアッドへの
参加を要請された場合「積極的に参加を検討する」と発言しているし、
TPPへの参加に意欲を見せていた韓国はIPEFについても積極的姿勢を
示している。尹錫悦政権が、日米との協力関係の回復を目指しているこ
とは間違いない。

　しかし、その一方で、ロシアのウクライナ侵攻による国際関係の激変
が韓国にとって悩ましいことは間違いない。日米との関係回復を目指す
尹錫悦政権が日米とともにロシアに厳しい姿勢で臨もうとしていること
は間違いないが、ロシアは、自国に非友好的な国家に対して半導体製造
に必要な希ガス（ネオン、アルゴン、ヘリウムなどを含む非活性気体）
の輸出制限を始めたという。多くの電子製品の製造に使われるこの希ガ
スの供給不足が予想され、サムソンなどの企業を有する韓国にとって厳
しい状況になる、との分析もある。ロシアの姿勢如何では韓国にとって
の経済的打撃はきわめて大きなものになる可能性もある。

　既述の通り、尹錫悦政権は日米との関係修復を目指しているが、依然
として韓国国会で与小野大（小さな与党に大きな野党）の状況を強いら
れており、大胆な方針転換が難しい状況が続いている。さらに、徴用工
問題、慰安婦問題など日本との個別の問題も解決が難しい状況にある。
日韓関係を含め国際関係の調整が難しい状況が続けば、尹錫悦政権にと
ってロシアとの関係は選択肢のひとつとなるかも知れない。既述のよう
な構造でロシアが北朝鮮への影響力を持つことになれば韓国にとっては
経済のみならず南北関係の文脈でもロシアとの関係は重要になる。

　尹錫悦政権の外交・安保スタッフは李明博政権のスタッフが多く含ま

れているが、その李明博政権はロシアとの関係を強化しようとした。2015年までにロシア極東地域の天然ガスを北朝鮮経由のパイプラインを建設して韓国まで輸送する計画を進めることで合意していたのである。しかし、これには北朝鮮が合意するとの条件が必要だったが、その後の展開から実現には至っていない。

　もとより、韓国が日米ではなく、中国、ロシアを選択することはありえないが、日韓関係が思うように回復できず、北朝鮮との関係で難しい状況が続けば、北朝鮮に対する影響力を回復しつつあるロシアとの関係を念頭に、日米と韓国の立ち位置に微妙な違いが生まれる可能性は完全には否定できないのである。

　国際的な対立を利用して自らの行動範囲を広げようとする北朝鮮、国際的な対立に巻き込まれて苦悩する韓国、いずれにせよ今後もウクライナ情勢は朝鮮半島情勢に影響を与え続けるであろう。ただ、仮に、アメリカと北朝鮮の関係が進展すれば、北朝鮮にとってアメリカと対立する中国、ロシアとの関係は負担になるし、韓国が日本との関係を回復することができ、同時に米朝関係が進展すれば韓国の葛藤も解消されるだろう。そのためには日韓の地道な働きかけが必要とされる。そして、なによりも米朝関係の進展が不可欠だが、それが北朝鮮主導ではなく国際社会が望むような形での米朝関係の進展でなければならないのは改めて指摘するまでもない。

（掲載日：2022年9月16日）

台湾から見るウクライナ戦争の教訓

東京外国語大学 教授

小 笠 原 欣 幸

小笠原 欣幸（おがさわら・よしゆき）
東京外国語大学大学院 総合国際学研究院 教授。
一橋大学社会学部卒業、一橋大学社会学研究科博士課程修了（社会学博士）。
主な著作に『台湾総統選挙』（晃洋書房、2019年）。
[小笠原HP]（http://www.tufs.ac.jp/ts/personal/ogasawara/）で台湾政治・中台関係の分析を多数発表。

　中国の台湾への軍事的威嚇が強まる中、台湾有事に対する日米の警戒感が高まっている。中国共産党は台湾統一を「歴史的任務」と位置づけ準備を進めている。それはロシアのウクライナ侵攻によって左右されるものではない。しかし、中国、台湾ともにウクライナ戦争を研究し教訓を引き出すことは間違いない。戦争が始まって7か月という限定付きであるが、台湾から見てロシアのウクライナ侵攻の教訓は何なのかを、軍事、情報、経済、政治外交の4つの分野で検討したい。

ウクライナと台湾の類似性と相違性

　最初に戦略的観点からウクライナと台湾の類似性を指摘しておきたい。ウクライナも台湾も隣の軍事大国ににらまれて、国際政治の動向で一方的にレッドラインを科されているという点で類似性がある。

　ロシアのウクライナに対する主張と、中国の台湾に対する主張には強

い類似性がある。プーチン大統領は、「ロシアとウクライナは兄弟、ウクライナは歴史的にロシアの一部」と主張する。習近平主席は、「中国大陸と台湾は兄弟、台湾は中国の一部」と主張している。そして、ロシアは「ウクライナのNATO加盟はロシアへの脅威であり、絶対許さない」と述べ、中国は「台湾独立は絶対許さない、台湾と日米との外交関係樹立や台湾の国際組織加盟は絶対許さない」と述べている。

　他方、ウクライナと台湾では、アメリカの戦略的位置づけが大きく異なっている。過去50年間アメリカ政府が中国関与政策を続け中国に配慮していた長い期間においてさえ、台湾問題は米中関係の焦点であり続けたことからわかるように、アメリカにとっての台湾の重要性は非常に大きい。アメリカは「台湾関係法」により台湾の安全に関与している。米ウクライナ間にはそのような関係はない。ポンペオ前米国務長官は、2022年3月4日台湾を訪問し、「日本－韓国－フィリピン－南シナ海と続く防衛ラインで台湾を失うことはアメリカの国益を直接的な危険にさらす」と述べた。[1]

軍事

　ロシアの武力侵攻は台湾にとっても大きな衝撃であった。しかし、ウクライナの必死の抵抗により、圧倒的に優勢と思われたロシア軍の苦戦が伝わるにつれ見え方は変化してきた。ロシアの短期決戦の目論見は頓挫し、軍事的に弱いウクライナの非対称戦の有効性が示された。ミサイル攻撃と空爆を受けても、言われているように敵方が一方的に制空権を確保できるとは限らない。歩兵・民兵が携行する対戦車ミサイル（ジャベリン）、対空ミサイル（スティンガー）はかなりの効果があることが確認された。いずれの武器も台湾は保有している。また、台湾は、ロシアの巡洋艦を沈めたウクライナの対艦ミサイルに相当する自主開発ミサ

イル「雄風Ⅲ」を保持している[2]。

　これらは、ロシアと同様に短期決戦での台湾制圧を目指している中国にとっては、侵攻の判断を慎重にせざるを得ない教訓である。台湾は、アメリカからF16（第4.5世代）戦闘機66機、M1A2戦車100両などの大型装備の導入を進める一方、移動発射式を含む多系統の対空ミサイル、対艦ミサイルの配備を進め、敵の大軍に効果的に打撃を与える防衛戦略を強化してきた。

　台湾にとっては、これまでの防衛戦略が一定程度肯定されたことになり、さらに強化するために活用できる教訓である。しかし、中国も教訓を得て攻撃戦略を練り直すであろう。台湾としては、非対称防衛戦略を強化し、中国側に侵攻作戦で甚大な損害が発生すると予測させる防衛体制・装備をいままで以上に整えていく必要がある。

　そして、ウクライナの抵抗で、予備役体制と市民の国防意識の重要性が改めて示された。中国にとって、台湾本島に中国軍が上陸したとしても台湾側の大量の予備役が戦線に投入され激しい抵抗が続く事態というのは望ましいことではない。抵抗する強い意志は、中国のコストの計算に入ってくる。蔡英文政権はウクライナ戦争の前から予備役の訓練の強化を打ち出していた[3]。方向はよいが、戦力としてカウントするまでの課題も大きい。徴兵制の復活も議論されている[4]。市民の国防意識を高めていけるかどうかは台湾にとって大きな分かれ目になるだろう。

情報

　軍事的に弱いウクライナがSNSを効果的に使い情報戦で有利になっている。国際世論を味方につけることの重要性が示された。戦争の悲惨な現実を伝える映像・画像が現地のジャーナリストや市民のスマホから直接発信され、「侵攻の意図はない、民間施設は攻撃していない、病院

には誰もいない」などといったロシアの嘘・プロパガンダを世界の人々が見抜くことができるようになった。これについて、中国の学者は、「ウクライナがFacebook、Twitter、Googleなどのネット大企業に圧力をかけ対ロシア制裁に参加させたことでウクライナが圧倒的に優勢になり、ロシアは『社会的死亡』を宣告されたも同然だ」と分析している。[5]

　中国の国家・党の情報発信力は、台湾と比較して圧倒的に強い。中国は長期的なイメージ形成・プロパガンダに長けている。また、一帯一路を通じて多くの国を引きつけている。しかし、人権、ウイグル、香港、コロナウイルスなどの問題で習近平体制の方針への疑問が広がり、風向きが変わった。日米豪欧の世論においては、普遍的価値を発信する台湾に追い風が吹き、中国には逆風になっている。

　ウクライナへの支援という点で、とりわけ発信力の大きなヨーロッパ世論の重要性が示された。台湾有事の場合、ヨーロッパ世論がどう展開するかは未知数である。近年、リトアニア、チェコが台湾のサポートに動いているし、イギリスが中国に厳しい目を向けている。台湾としてはフランス、ドイツなどにも支持を広げたいところだ。当然、中国もヨーロッパ世論の重要性を知っているので切り崩しに動いているし、対中関係を重視してきた国も少なくない。しかし、ウクライナ戦争開始後もロシアとの友好関係を維持する中国に対する警戒感・反感はやはり高まっている。台湾としては、ヨーロッパ世論をめぐる中国との競争でどれくらい浸透できるかが注目点である。

　ロシアは、プロパガンダ・フェイクニュースを多用し国内の統制を図っている。中国はロシア以上に国内の情報統制を行なっている。中国国内のSNS発信は活発だが、中国国民が国際世論に直接訴える構造にはない。台湾はおそらくウクライナ以上に効果的にSNSを使い国際情報戦をリードできるであろう。いずれにしても、市民を殺傷し市民生活を破壊する行為に国際世論の支持を得ることはできない。

　開戦当初、ロシア側はウクライナの政府サイトなどにサイバー攻撃を仕掛けたと見られるが、その後、電力・通信・交通などを全面的に麻痺させるには至っていない。他方、ウクライナ側も政府系サイバー軍団が活躍したようだ。また、スペースX社がウクライナに提供した衛星ネットサービス「スターリンク」が活用されている[6]。これは中国の学者も注目し、「スターリンクが、ロシアがやろうとしたウクライナのネット封鎖をたやすく瓦解させた」と指摘している[7]。

　ウクライナにおけるサイバー戦の攻防については中台双方とも大きな関心をもっている。2022年8月の大規模軍事演習の際に、中国は台湾に対しサイバー攻撃を行なったが、手の内を見せないよう技術力の低い攻撃にとどめたと見られている。はたして中国のサイバー攻撃能力はロシアより高いのか、台湾の情報ネットワークやインフラを一気に中断に追い込める能力があるのか、現時点では確たる情報は少ない。今後、中台がウクライナ戦争におけるサイバー攻撃についてどのような分析をするのかは手掛かりになるであろう。双方のシンクタンクなどの情報発信を注視していきたい。

経済

　対ロシア経済制裁は、西側民主主義諸国の政府だけでなく民間企業も加わり予想以上に広範囲なものになった。これは、欧米を拠点とするグローバル企業が、消費者・投資家の反発を恐れ経営判断したことが大きい。制裁はこれまでになく「早く、固く、広い」ものになった。しかし、ロシアの戦争を止めるほどの「強さ」には至っていない。それでも、制裁がこの先も続きロシア経済に打撃を与えることが予想されているし、ロシア国内での兵器生産に影響を与え「弾切れ」状態にする可能性も指摘されている[8]。

対ロシア経済制裁のパターンが、そのまま中国にあてはまるわけではない。対中経済制裁は足並みが乱れる可能性がある。中国は経済規模が巨大で、各国との貿易・投資の額も大きく、外資企業にとって簡単に中国ビジネスの停止・撤退ができない事情がある。制裁する側の日米欧も、自国への負担と悪影響がかなり大きくなる。

　他方、中国は資源輸出型のロシアと異なり、製造業の輸出が成長を支えている。中国製品の輸入ボイコット、対中投資の見送り、中国に進出している外国企業の営業の停止が2、3割でも発生すれば、中国の経済成長率の低下、中国国内の雇用情勢の悪化という形で影響がでるだろう。西側諸国の消費者の行動によっては、中長期的に中国経済に打撃が及ぶ可能性は十分ある。

　中国の学者は、制裁によりロシアがマルチの枠組みで孤立化させられ圧迫されていることを詳細に分析するレポートを刊行している[9]。中国は、将来対中経済制裁が発動された場合の影響も詳しく研究するであろう。対ロシア制裁の効果が大きくなればなるほど、中国にとって台湾侵攻のコストが大きくなることを意味する。

　台湾への侵攻が行なわれるとすれば、中国政府はナショナリズムによる国威発揚を煽り、中国国民も短期的には異常な高揚状態になるであろう。しかし、西側民主主義諸国の広範囲な制裁が発動されれば、中長期的には、すでに鈍化している中国経済の成長率が落ち込み、中国の社会の安定に悪影響が現れる可能性がある。共産党体制の安定を重視する習近平指導部としてはそのコストを軽視できないであろう。

政治外交

　今回のウクライナ戦争の大きな教訓は、権威主義国家の指導者がいったん開戦を決意すると「止めることは非常に難しい」ということだ。侵

攻までのプロセスからは、合理的選択論だけで判断するのは危険だということが明らかになった。台湾海峡においてその教訓は「軍事侵攻はない」と決めてかかってはならない、ということである。

　ロシアの場合、アメリカが軍事介入しないことがわかって侵攻してきた。中国に対して「誤ったメッセージは決して送ってはならない」というのが大きな教訓となる。権威主義国家が理解する言葉はリアリズムであり、「リアリズムなき外交努力・対話は無力」であることが知らされた。日本など台湾に関与する民主主義諸国は、軍事的備えを固めたうえで外交努力も続けていくことが必須となる。

　ロシアのウクライナ侵攻に加えて、2022年8月に中国の大規模軍事演習が行なわれたことは、関係諸国の台湾有事に対する警戒感を大きく高めた。関係諸国がウクライナ戦争を教訓として台湾有事を抑止する議論と準備を進めていくことは台湾にとってプラスになる。

　加えて、政治的統合・安定性も重要な教訓である。ウクライナの場合、地域によっては親ロ派の勢力が大きく、武装勢力が国土の一部を支配する状況がありロシアにつけこまれる要因となった。台湾には中華民国国軍以外に武装勢力は存在しないし、警察や裁判所などの法執行機関が台湾全土で機能している。親中派勢力が地域的に支配を確立しようという企て自体が成り立たないし、実行したとしてもすぐに摘発・鎮圧される。ロシアのハイブリッド戦の侵攻パターンは台湾には通用しない。

　中国は様々な台湾浸透工作を行なってきて、一定の影響を及ぼしているが、統一支持派を増やすことはできないでいる。中国の対台湾政治浸透工作に対しては警戒を高めなければならないが、不安をあおる必要はない。中国は台湾の民主的政治体制を覆せていないし、今後も覆すのは困難である。

　台湾においては、民主化後しばらくの期間、アイデンティティの揺らぎが続いていたが、いまでは「台湾アイデンティティ」が広く定着して

いる。習近平が「中国ナショナリズム」で台湾人を引き寄せようとしても、台湾社会を動かすような効果は得られない。台湾では民主主義と法治主義が定着していることは冷静に認識しておきたい。

　相手に武力行使の口実を与えないことも重要である。中国は「民進党政権は独立を画策している」と非難しているが、蔡英文総統は繰り返し「現状維持」を表明し、実際に新憲法制定や独立宣言の動きをしていない。国際世論を見ても日米それぞれの国内世論を見ても、現状を力で変更しようとする国への対抗は支持を得られやすい。逆に、台湾の側で現状変更に動けばその構図は一気に変わってしまう。蔡英文政権はそこを十分理解しているし、それは蔡英文後も継承されるであろう。台湾政治は、与野党の対立が激しく政局は常に動いているが、台湾の方向に関しては「現状維持」が主流となり安定している。台湾は、事実上「独立」の動きを封印している。

台湾有事リスクは変わっていない

　ウクライナ戦争が始まる前の中台関係を整理しておきたい。台湾の民意は「統一に反対」ということはどの世論調査を見ても明らかであるし、2020年総統選挙で「統一拒否」を公約に掲げた蔡英文総統が圧倒的な票を得て再選されたことがその証明になる。中国から見て「平和的統一」が実現する可能性は小さくなった。そこで、習近平の統一戦略は軍事的威嚇を強化する「強制的平和統一」にシフトしていると見ることができる。その内容は、台湾侵攻は可能と思わせるだけの軍備拡大を行ない、日米の腰を引かせ、台湾人のあきらめを引き出し、脅迫し屈服させ勝つことである。

　この台湾有事リスクの基本構造はウクライナ戦争発生後も変わっていない。変わったのは、中国にとって軍事侵攻のコストが非常に大きいこ

とが示されたことである。台湾の情報機関のトップである陳明通国家安全局長は「ロシアのウクライナ侵攻で中国は対台湾戦争の発動には慎重になるであろう」と述べている[12]。

　一方、中国もロシアの失敗から学んでくることは間違いない。確かに現時点で台湾侵攻のコストは大きすぎるが、それが小さくなれば中国はその隙をついてくると考えておかなければならない。多くの専門家がロシアの侵攻はないと予測したことで、各国の世論もロシアの侵攻はないと考え、それがロシアから見て「隙」になったのではないか。台湾有事抑止のためには、中国に「やれる」と思わせない備えが以前にも増して重要である。その失敗を繰り返してはならない。

　ウクライナで多くの命が失われ何百万人もの人々が居場所を失うという悲劇が起こってしまった。これを東アジアで起こさせてはならないという国際世論の形成は、台湾だけでなく、そして台湾以上に日米が取り組まなければならない課題である。ロシアと北朝鮮を除けば、中国の台湾侵攻を喜ぶ国など1つもないであろう。中国の顔色をうかがうことが多い諸国にしても、ウクライナ戦争による物価の上昇や制裁の影響などを見たいま、それ以上の混乱や悪影響が予想される台湾有事を望むことなどない。「台湾海峡の平和と安定」を旗印とする有志国のゆるやかな連携を日米が中心となって広げていく必要がある。

（掲載日：2022年5月30日　改稿日：2022年10月10日）

《注》
1）2022年3月4日、台北市内での演説（https://youtu.be/q4V9iQS1UYg）。
2）台湾の防衛戦略と装備については、尾形誠「近代化を進める解放軍と台湾軍の対応」『東亜』651号（2021年9月）を参照。
3）「台湾　予備役の戦力強化へ "ウクライナ軍を参考に"」［NHK NEWS WEB］2022年3月5日（https://www3.nhk.or.jp/news/html/20220305/k10013516001000.html）。
4）現在、台湾では成人男性に4か月の軍事訓練が義務づけされているが、そ

れを以前のような1年の軍事訓練に引き上げる議論がされている。

5）魯传颖「俄乌冲突对全球网络安全形势的影响」『国际经济评论』2022年4月29日（https://kns.cnki.net/kcms/detail/11.3799.f.20220428.1537.002.html）。

6）「衛星ネットサービス『スターリンク』露軍に対抗、実戦投入」『毎日新聞』2022年5月20日（https://mainichi.jp/articles/20220520/ddm/008/030/042000c）。

7）魯传颖、前掲論文。

8）鈴木一人「ロシアへの経済制裁は一体どの程度効いているか―日本が学ぶ点は潜在的対立国の依存度を知ること」［地経学ブリーフィング］2022年9月19日（https://apinitiative.org/2022/09/19/40157/）。

9）易小准、李晓、盛斌、杨宏伟、曹宝明、徐坡岭「俄乌冲突对国际经贸格局的影响」『国际经济评论』2022年4月26日（https://kns.cnki.net/kcms/detail/11.3799.f.20220414.1121.002.html）。

10）「台湾アイデンティティ」の広がりと定着については、小笠原欣幸『台湾総統選挙』（晃洋書房、2019年）を参照されたい。

11）2020年台湾総統選挙の分析については、佐藤幸人、小笠原欣幸、松田康博、川上桃子『蔡英文再選―2020年台湾総統選挙と第2期蔡政権の課題』（IDE-JETROアジア経済研究所、2020年、https://www.ide.go.jp/Japanese/Publish/Download/Kidou/2020_taiwan.html）を参照。

12）「陳明通：美有台灣關係法 俄烏戰爭給中共警訊」『中央社』2022年3月28日（https://www.cna.com.tw/news/aipl/202203280121.aspx）。

第 4 章

それでも中立の立場をとる国々

ユダヤ人大統領のユダヤ国家批判

放送大学 名誉教授

高橋 和夫

高橋 和夫（たかはし・かずお）
放送大学 名誉教授。一般社団法人 先端技術安全保障研究所（GIEST）会長。
福岡県北九州市生まれ。コロンビア大学国際関係論修士号を取得後、クウェート大学客
員研究員、放送大学教員などを経て2018年4月より現職、専門は、国際政治・中東
研究。『アラブとイスラエル』（講談社現代新書、1992年）など著書多数、最新作は
『パレスチナ問題の展開』（左右社、2021年）、ブログなど。
http://ameblo.jp/t-kazuo　　http://twitter.com/kazuotakahashi
http://bylines.news.yahoo.co.jp/takahashikazuo/
https://www.youtube.com/channel/UC_hrS1_2UphGpix5y0T1IQQ
https://www.youtube.com/channel/UCU2yjX9mSN_pTS6yQmJqlkg

玉虫色

　世界でユダヤ人を国家のトップとしていただいている国が二つある。ひとつは、もちろんユダヤ人が多数派の国イスラエルである。もう一つは2022年2月からロシアによる全面的な攻撃を受けているウクライナである。同国のヴォロディミル・ゼレンスキー大統領はユダヤ人である。

　ロシア軍の侵攻が始まると、そのゼレンスキー大統領が各国の政治家に直接ウクライナへの支援を訴えた。アメリカ、欧州連合、ドイツ、スイス、カナダ、日本などの議会に向けて演説を行った。それぞれの国の事情に合わせた内容で、感情を揺さぶるような語り口であった。その中でも注目を集めたのはイスラエル向けの3月20日の10分ほどの演説だった。というのは、ユダヤ人によるユダヤ人が多数派の国に向けたメッ

セージだったからだ。何を語ったのだろうか。

　その内容に入る前に、ウクライナへのロシアの大規模な軍事攻撃に対するイスラエルの反応を見ておこう。それは、端的に言えば、玉虫色である。英語の表現を借りれば「塀の上に座っている」状況である。ロシアにもウクライナにも良い顔をしたいという姿勢である。具体的に見るとイスラエルはロシアのウクライナ侵攻への批判は控え目である。たとえばロシア軍の侵攻直後の国連でのロシア非難決議に賛成せず、アメリカを失望させた。またロシアに対する制裁にも消極的である。プーチン周辺の超のつく富豪の多くがユダヤ人でありイスラエルにかなりの資産を保有しているが、そうした資産の凍結もしていない。

　イスラエルはウクライナに対する医療面など人道支援には動いている。その医療チームが、ウクライナからの難民の多くが流入しているポーランドに野戦病院を立ち上げている。またウクライナ国内にも病院を開いた。だが、欧米諸国の多くとは違い兵器の大規模な供与は行っていない。アメリカなどの強い要請を受けて、やっとヘルメットや防弾チョッキの供与を発表した程度である。

　なぜイスラエルは旗色を鮮明にしないのだろうか。ひとつにはロシアに残るユダヤ人の立場を考慮しているからだろう。ロシアには十数万のユダヤ人が生活している。ちなみにウクライナのユダヤ人口は7万程度である。恐らく、より重要なことにはイスラエルのベネット首相がロシアとウクライナの間の調停役を買って出ているからだ。そのためには、双方との良好な関係の維持が、不可欠だとの主張である。確かにイスラエルは、両国と深い人的なつながりを有している。というのは冷戦の末期以来、旧ソ連からの約百万人のユダヤ人を移民として受け入れたからだ。その大半は現在のロシアとウクライナからである。その結果、イスラエルの人口の15パーセントはロシア語の話者となっている。また政治家にも旧ソ連出身者は少なくない。ベネット首相はロシアのプーチン

大統領と会談したりゼレンスキー大統領と電話で話したりと外交努力を続けている。

シリア

　調停のための中立維持という政策は、しかしながら、建前に過ぎない。本当の理由は別にあるとの見方が一般的である。それは中東でのロシアの反発を懸念しているからだ。具体的にはシリアでのロシアとの関係が問題になる。2015年にロシアがシリアのアサド政権を支援して同国の内戦に介入した。それ以来、この国の制空権はロシア空軍が押さえている。陸上では、やはりアサド政権側に立ってレバノンのヘズボッラーなど世界各地のシーア派の軍事組織が介入した。背後で、こうした動きを操っているのはイランの革命防衛隊である。イスラエルは北の隣国シリアでイランの影響力が強くなるのを恐れている。イスラエルとイランは敵対関係にあるからだ。

　そのためイスラエル空軍は、シリア国内のイラン関連の施設を大規模に爆撃してきた。こうしたイスラエル空軍の活動が可能なのは、ロシアの了解があるからだ。もしイスラエルがウクライナ情勢でロシア批判に回れば、シリアでのイスラエルの自由な軍事行動をロシアは許さなくなるだろう。これが、イスラエルがロシアを批判しない理由だと考えられている。

イスラエル批判

　さて、それではゼレンスキー大統領は、そのイスラエルの指導層向けに、どのような内容を語ったのだろうか。ウクライナの首都キエフ（キーウ）出身のイスラエルのゴルダ・メイア首相の言葉を引用して、両国

間の関係の深さから説き起こした。メイアは、1960年代から70年代にかけて首相を務めた女性である。周辺のアラブ諸国への強硬な姿勢で知られた。当時のイスラエルの内閣で唯一の「男」と呼ばれた人物である。その任期中にイスラエルは周辺のアラブ諸国と1967年の第三次中東戦争と1973年の第四次中東戦争を戦っている。さてゼレンスキーは、そのメイアの「隣人が自分たちの死を望んでいる時に譲歩は難しい」という旨の言葉を引用した。アラブ諸国との厳しい関係を反映したメイアの発言である。そして議論を次のように展開した。

　第二次世界大戦中に、ナチス・ドイツのヒトラーは虐殺によるユダヤ人問題の「最終的解決」を目指した。その時、ウクライナはユダヤ人を救う選択をした。80年後、同じように世界の目の前でロシアのプーチン大統領はウクライナの文化を、民族を、コミュニティを、全て消滅させようとしている。今度はイスラエルがウクライナを救う選択をする時だ。なぜイスラエルは中立を維持して、ウクライナを助けないのか。イスラエルが世界で最も優れた対空防衛システムを持っているのに、なぜウクライナ人とウクライナのユダヤ人を助けないのかと批判した。善と悪との間には調停など不可能である、と続けた。

　なぜ助けてくれないのか。この「なぜ」という問いかけの答えを選ぶのはイスラエル自身である。歯に衣をきせず、激しく厳しく鋭くイスラエルの政策を批判したゼレンスキーのメッセージだった。

　ゼレンスキー大統領は、その後も繰り返しイスラエルに対して不満を表明している。そして2020年の秋に入りロシアがイラン製のドローンを使用し始めた。はるかに前線より離れた港湾都市のオデッサ（オデーサ）が空爆を受けるなど損害が出ている。低空を飛ぶドローンは、通常のレーダーでの捕捉が困難である。より強力な防空兵器をウクライナは必要としている。なぜイスラエルは、その優れた防空兵器を供与しないのかといういらだちがウクライナ側にある。イスラエルの対応が注目さ

れる。

突き刺さる問い

　話が先走り過ぎた。3月のゼレンスキー大統領の演説に対するイスラエルの反応は、どうだったのか。まずゼレンスキーの言葉使いへの反発があった。ウクライナの置かれている状況の厳しさに理解を示しつつも、その状況をホロコーストとして知られる第二次世界大戦中のユダヤ人の大虐殺に比較した点が、反発を招いた。ホロコーストは唯一の経験であるというのがイスラエルで受け入れられた「正しい」言説だからだ。つまり、ある国の指導層が一つの民族集団の絶滅を計画し実行しようとしたのは、他に類のない行為であるという認識である。

　もう一つの批判のポイントは、第二次世界大戦中のウクライナ人のユダヤ人への対応である。確かに命を賭けてユダヤ人を救おうとした人々はいた。だが、ナチスのユダヤ人虐殺に協力し加担した人々は、もっと多かった。その結果150万人のウクライナのユダヤ人が虐殺された。

　こうした事実認識に関する反論の声が高いのは、恐らくゼレンスキーの質問の核心に対して、イスラエル人の多くが答えに詰まっているからだろう。つまりイスラエルは、どちらの側に付くのか。善の側なのか、悪の側なのか。侵略者の方なのか、被害者の方なのか。イスラエルが基本的に欧米との価値を共有する西側の国なのか、そうでないのか。突き刺すようなゼレンスキーの問いかけが、イスラエル人の心理の深層で反響している。多くがダンテの「神曲」の言葉を思い起こしているだろう。「道徳的危機において中立の立場をとった者のために、地獄で一番熱い場所が用意してある」との。

（掲載日：2022年5月19日）

インドとロシアの戦略的関係のゆくえ

防衛大学校 教授

伊　藤　　融

伊藤 融（いとう・とおる）
防衛大学校 人文社会科学群 国際関係学科 教授。
中央大学大学院法学研究科政治学専攻博士課程後期単位取得退学、博士（学術）。
在インド日本国大使館専門調査員、島根大学法文学部准教授等を経て2009年より
防衛大学校に勤務。2021年より現職。専門は、南アジア国際関係、インド外交・
安全保障。インドを中心とした国際関係、安全保障問題に関わる著作多数。
主著として、『新興大国インドの行動原理―独自リアリズム外交のゆくえ』（慶應義塾大
学出版会、2020年）がある。

　ロシアがウクライナへの軍事侵攻を開始して以来、日米など西側諸国では、インドの「ロシア寄り」姿勢に対する驚きや失望が広がった。この背景には、今世紀に入ってから西側各国がインドとの間で、民主主義国として価値を共有すると繰り返し確認したという経緯がある。とくに近年では、二国間でもクアッド（日米豪印）などの枠組みでも、インドとの戦略的関係を強めてきた。それにもかかわらず、インドはなぜ今回は西側と行動を共にせず、ロシア非難にも制裁にも応じようとしないのか。なぜそこまでロシアに忖度する必要があるのか。こうした問いである。ウクライナ侵攻は「時の試練を経た」印ロの絆の強さを再燃させたようにみえる。はたしてそれはどの程度妥当なのだろうか。そして印ロ関係の基調は今後も変わらないのだろうか。

侵攻後のインドの対ロ姿勢の実態

　まずインドの「ロシア寄り」といわれる姿勢から確認しておきたい。インドはロシアを支持する立場を取ったわけではない。侵攻開始後、インドは国連安保理（非常任理事国）、国連総会、国連人権理事会、国際原子力機関（IAEA）に提出されたロシア非難決議案のすべてにおいて「棄権」票を投じた。こうした投票行動はアフガニスタン侵攻をめぐって開かれた1980年の国連総会緊急特別会合、クリミア併合をめぐる2014年の国連総会と同じである。

　しかし今回特筆すべきなのは、棄権の際の「投票説明」において、これまでにない不快感をインドがロシアに示したという事実である。インドの国連大使は、軍事侵攻に「非常に困惑している」として、2万人以上のウクライナ在住のインド人の安全に影響が及ぶことへの「深い懸念」を表明した。それにとどまらず、国際法、主権、領土一体性の尊重などの重要性を明言し、力による一方的な現状変更は許されないと釘を刺してもいる。同じ主張はその後の西側各国との二国間会談やクアッド首脳会合等でも繰り返された。インドがロシアの行動を支持しているわけではないのである。

　それでも西側からみれば、インドの立場は事実上、「ロシア寄り」だと映った。というのも、インド側はロシアの名指し非難、経済制裁に加わるよう求める西側の度重なる呼びかけを頑として拒絶したからである。そればかりか、西側の制裁の網をかいくぐるかのようにルピー・ルーブル決済でロシア産原油を割引価格で購入したり、ウクライナ支援のための自衛隊機のインド着陸を拒否するなどしたことが西側の神経を逆なでした。

インドのおかれた厳しい地政学状況

　インドのこうした行動は、ロシアとの古くからの関係にひきずられているからだとか、兵器を依然としてロシアに依存しているためだという説明を頻繁に耳にする。筆者は、それは間違いではないものの、今回の行動の主要な動機とはいいがたいと考えている。現在のモディ政権には、世代的にみても、与党インド人民党の性格からみても、冷戦時代の「非同盟」への拘りはまったくといっていいほど感じられない。しかも現在のインドでは兵器調達も多角化している。たとえいまはロシア製の銃や戦闘機を使い、そのメインテナンス等でロシアの協力を必要としているからといってロシアに頭が上がらないということはない。国連安保理等でインドを支持してくれるのも、もはやロシアだけではない。インドの選択肢はかつてに比べると格段に増えている。

　したがって問われるべきなのは、それにもかかわらず、なぜ「棄権」にとどまったのか、ということであろう。ここで重要な視点は、インドは海洋国家であるのと同時に、大陸国家でもあること、そしてそのユーラシア大陸での外交戦略、安全保障上の懸念がこの1、2年で大きなものになってきているということである。すなわち、2020年からの中国による実効支配線への攻勢、2021年のアフガニスタンからの米軍の撤退とタリバンの復権、そしてそれに伴う中国、パキスタンの影響力拡大である。他方で、インドが中パに対抗するため地政学上もエネルギー戦略上も重視するイランとの関係は、トランプ政権退陣後も制裁によって妨げられたままである。

　モディ政権からすれば、いくらクアッドとの関係を深めようとも、インドの大陸国家としての利益には寄与しないとの認識がある。いわば四面楚歌のユーラシア大陸のなかで、さらに「非友好的な国」を創りだして孤立したくはないというのが本音であろう。

ロシア・カードの限界

　もちろん、インドにはジレンマもある。西側から指摘されるまでもなく、戦闘が長期化するなかで疲弊したロシアが中国依存を深めた場合、ロシアはまったく頼りにならなくなるかもしれないということはわかっている。ロシアにとってインドよりも中国のほうが不可欠なパートナーとなってしまえば、中国はインドへの軍事的攻勢にさらに自信を深める恐れがある。ロシア製兵器やエネルギーが今後も安定的に確保できるかどうかも疑わしくなろう。

　また、侵略と非人道的な行為に断固たる対応をとらなかった、と少なくとも「西側」からはみられることが、インドの外交・安全保障環境に及ぼす影響も懸念される。力による現状変更を許さないというメッセージを発しながらも、実際にはそうした行動を取ったロシアとの関係を維持・強化し続けるというのは、西側の信奉する原理原則に忠実な国とは受け止められまい。西側のインドに対するイメージと信頼は傷つくかもしれない。実際、バイデン米大統領が口にしたように、どの国もインドへの不満を募らせた。それでもいまのところは対中国を睨んだ「インド太平洋」のパートナーとして、インドは不可欠だという計算が優先されてはいる。しかし戦闘の長期化のなかでインドがロシアの侵略戦争を経済的、外交的に支える構図が明らかになるならば、西側の世論、指導者の「忍耐」も限界を迎えるかもしれない。

　インドもそれに気づいていないわけではない。2022年7月、ドイツ・エルマウでのG7サミットに招待国として参加したモディ首相が、人権や報道の自由といった概念を含む「強靭な民主主義声明」にコミットしたことはこの文脈のなかで理解できよう。現在のモディ政権下のインドでは、ムスリムへの弾圧やソーシャルメディアへの規制が強まっていることが米国等でも問題視されている。この点でモディ首相としては、イ

ンドが中国やロシアと同一視されることは避けたいと考えたのではなかろうか。

　このようにみると、インドは今回、自らを取り巻く当面の戦略環境に鑑みてロシア・カードを保持することにしたものの、そのカードの意味合いが中長期的には低下する懸念は自覚している。まただからこそ、西側のカードを失うわけにはいかない。西側はインドの大陸国家としての懸念に直接は応えてくれなくとも、経済・政治面ではインド大国化の頼れる支援勢力であり、そのことが中国に自前で対峙するうえでも不可欠である。「アルタ」と呼ばれる実利の観点からプラグマティックに行動することに長けたインドが、ロシアと最後まで行動を共にし、心中するなどということは考えにくい。

日本に求められるもの

　ここに、日本を含む西側が役割を果たしうる可能性がある。しかしそのためには、まずもってわれわれが「大陸国家」としてのインドの立場と懸念を理解することが出発点となろう。もちろん、軍事的な関与は難しいし、「戦略的自律性」を重視するインド側もかならずしもそれを望んでいない。しかしたとえば、インドの経済面での脱中国に向けた協力は可能であろう。印中間では実効支配線付近での2020年の衝突以降、軍事対峙が続く。そうしたなか、モディ政権は「自立したインド」を掲げ、経済の脱中国化を図ろうとしている。にもかかわらず、2021年、新型コロナ「第二波」に見舞われたインドでは、中国からの輸入額が過去最高額に達するなど、その実現は容易ではなく、日本などとの連携に期待している。日豪とのサプライチェーン強靭化イニシアティブ（SCRI）や、インド太平洋経済枠組み（IPEF）への参画表明はそのあらわれである。

また2022年5月のクアッド首脳会合でも示されたように、地域のインフラや債務問題への対処も重要である。インドは中国が「一帯一路」と「債務の罠」を通じてインド周辺国に影響力を拡大させることに強い警戒感を抱いてきた。ここで協力を得られるパートナーがロシアでなく、西側であることは論をまたない。そしてそうした経済連携を梃子にしながら、地域の安定化・民主化を進めることも期待されよう。

　もちろんそうしたインドとの協力のバックボーンには、自由や人権の尊重、民主主義といった共通の価値観がなければなるまい。そうでなければ日本や米国にとってもインドと連携することの意味は薄れてしまうし、国民の理解も得られまい。もっとも、欧米はしばしば「上から目線」ともみられるような露骨なやり方で、インドにおける人権状況や宗教問題について「説教」し、インド側の強い反発を買うことがある。インドには中国やロシアとは違い、さまざまな民族・宗教が共存した多様性のある「世界最大の民主主義国」であるという自負心がある。それに違わぬ行動をインドに慫慂するのに、同じアジアの日本ほどふさわしい国はないのではなかろうか。

（掲載日：2022年8月24日）

世界は二分されていくのか

神奈川大学 教授

大 庭 三 枝

大庭 三枝（おおば・みえ）
神奈川大学 法学部・法学研究科 教授。
1968年東京生れ。国際基督教大学卒業。東京大学大学院博士課程修了。博士（学術）。東京大学大学院助手、東京理科大学准教授および教授、南洋工科大学（シンガポール）客員研究員、ハーバード大学日米関係プログラム研究員などを経て2020年4月より現職。専門は国際関係論、国際政治学、アジア太平洋／東アジアの国際政治、アジアの地域主義および地域統合。
主な邦語著として『アジア太平洋地域形成への道程：境界国家日豪のアイデンティティ模索と地域主義』（ミネルヴァ書房、2004年）、『重層的地域としてのアジア：対立と共存の構図』（有斐閣、2014年）、『東アジアのかたち：秩序形成と統合をめぐる日米中ASEANの交差』（共著、千倉書房、2016年）など。
2005年に第21回大平正芳記念賞、第6回NIRA大来政策研究賞受賞。2015年に第11回中曽根康弘奨励賞受賞。

　ロシアのウクライナ侵攻後、以前より懸念されてきた既存のリベラル国際秩序の揺らぎはいっそう増し、世界は民主主義体制と権威主義体制の国に二分されている、という見方が強まっている。欧米、特にアメリカの覇権が支えてきたリベラル国際秩序が危機に瀕しているのはその通りだろう。しかしながら、世界は本当に民主主義体制と権威主義体制の国に分かれ、かつての冷戦下のように二つのブロックが対立する、という構図になりつつあるのだろうか。

　世界はそれほど単純ではない。ロシアのウクライナ侵攻を受け、世界の様々な場、また様々な争点を巡って、対立がエスカレートしているのは事実である。しかしそこに見られる対立の構図は、民主主義体制と権

威主義体制という単純な二項対立に落とし込めるようなものではないのではないか。

　国際政治を語るときには欧米やロシア、中国など大国の動きにのみ注目し、それらがすべてを決定するような議論が散見される。だが国際社会はこれら大国のみで成り立っているわけではない。世界で現在進行している事態の複雑さを把握するのには、欧米を中心とする先進国やロシアや中国といった大国以外の国々、すなわち「グローバル・サウス」の国々の動きの複雑さを視野に入れる必要があるだろう。

　「グローバル・サウス」とは、世界の中でもグローバル資本主義の進展の中で不利な状況に置かれ、その圧倒的な力に「服従」させられてきた領域のことを指し、先進国以外のアジア、アフリカ、中南米などを幅広く含む概念である。かつてこうした非欧米領域は「第三世界」と称することが一般的であったが、近年この言葉に代わり、この用語が広く使われるようになっている。グローバル・サウスと一言で言っても例えばタイやマレーシアのような上位中所得国から、サブ・サハラに多く見られる後発開発途上国まで様々であり（※世界銀行の基準による）、経済・社会構造や政治的安定度もまちまちで、極めて多様である。

　そして重要なのは、国際社会において多数派を占めるのはグローバル・サウスだという事実である。そして大国がいかに影響力を行使し得るかは、これらグローバル・サウスの行動が彼らの意に沿ったものになるのかどうか、にかかっている。故にグローバル・サウスの動向は国際秩序の今後を大きく規定するのである。

　そして、今回のロシアによるウクライナ侵攻に対して、グローバル・サウスのほとんどの国が、先進国と歩調を合わせ、経済制裁にまで踏み切るようなロシアへの対決姿勢を取っていない。では、これらの国々はロシアの今回のウクライナ侵攻を支持しているのか、というとそうともいえない。最大の理由は、ロシアがウクライナ侵攻で踏みにじった国家

主権の尊重や領土の一体性といった、国連憲章にも記載されている重要な国際規範は、一度列強の帝国主義に晒された経験を持つ彼らが、自分たちの国家としての独立を確かなものにするために必要不可欠なものだからだ。

　そのことをよく示す例として、国連総会でのグローバル・サウスの投票行動を見てみよう。今年3月2日に、国連総会においてロシアのウクライナ侵攻を非難する決議案への投票が行われた。その結果、193カ国中、賛成は141カ国、反対は5カ国、棄権は35カ国であった。141カ国の中には当然先進国のみならずグローバル・サウスの多くが入っている。そして反対票を投じ、明確にロシア側に立つ姿勢を示している国はロシアを含めたった5カ国である。棄権をどう解釈するかは専門家の間でも意見が割れているが、筆者は、明確にロシアの行為についての非難に参加しないという選択肢をとっていることを重視すべきだと考えている。

　10月12日には、ロシアによるウクライナ4州の併合を無効とする国連総会決議案への投票が行われたが、この結果も3月初旬の上記の決議への投票結果と似た結果、すなわち賛成票が143票、棄権が35票であり、反対が5カ国となった。それぞれ国の入れ替わりが多少あるにせよ、世界の中で賛成票が多い一方、棄権という形でロシアに一定の配慮をしつつ同調は避ける国も少なくないことは明らかである。

　なお、中国やインドはいずれの投票においても棄権票を投じており、これを両国がロシア寄りの姿勢を取っている証左と受け止める向きもある。インドはともかく、中国がグローバル・サウスなのかは微妙だが、両者ともことある毎にグローバル・サウスの利益代表として振る舞おうという姿勢が見られる。2月初旬の北京オリンピック直前にプーチンと習近平は「際限なきパートナーシップ」で合意しているし、インドは伝統的にロシアと武器の購入などを含めて深い友好関係がある。これらのことを勘案すれば、彼らが国連における2つのロシア非難決議の際に反

117

対には回らず棄権を選んだのは注目に値する。両国ともに、ロシアを明確に批判はしないものの、その立場や行動に関しては明確な支持を示さず、一線を画している姿勢を示唆していると捉えるべきではないだろうか。

　他方、グローバル・サウスの国々が先進国と歩調を合わせて、ロシアへの圧力を強める立場に与しているか、というとそうではない。これは、アメリカやEUが中心となって実施している経済制裁に彼らが参加していないことにも現れている。アジアにおいてロシアに経済制裁を科しているのは、日本以外では韓国、台湾、シンガポールにとどまっており、アフリカ、中東、中南米など他の地域諸国では皆無である。また、欧米先進国側の圧力にもかかわらず、グローバル・サウスも参加する主要な国際会議において、ロシアを排除する動きは鈍い。例えば今年のG20の主催国であるインドネシアは再三の欧米側からの要求にもかかわらず、プーチン大統領を11月の首脳会議に招待し、G20財務担当大臣会合など主要な会議でもロシア外しをしていない。今年のAPECの議長国のタイ、およびASEAN議長国であり、アメリカやロシアもメンバーである東アジアサミット（EAS）を主催する予定のカンボジアも同様にロシアを招待した。なお、今年5月初旬、この3カ国の外務省は共同声明を発出し、自国が主催するこれらの国際会議には「すべての参加国／エコノミー」に開かれるという包含的なアプローチを取ることを明確に示している。

　ロシアのウクライナ侵攻が、これまで国際社会が築いてきた国家主権の尊重、領土の不可侵、紛争の平和的解決といった規範に依拠する国際秩序への重大な挑戦であることはグローバル・サウスの側も理解しているにもかかわらず、彼らが西側先進国とは異なったアプローチを取り、距離を置くのはなぜか。

　まず、彼らは自分たちのハードパワーの相対的な弱さを自覚しており、

どのような状況下でも追い詰められ選択肢が狭められないよう、多方向的に友好関係を築くヘッジングを行う傾向がある。例に取れば、ASEAN諸国がASEANという組織を通じ、また個別の国レベルでも、アメリカ、中国、日本、オーストラリアなど主要な域外国、最近では特にヨーロッパ諸国やロシアなどとも連携強化を図っていることはその典型的な例である。多くのグローバル・サウスの国が、ロシアとの関係を完全に断ち切るようなことを避けようとする姿勢をとっているのもその表れであろう。

　そして、この戦争の負の影響のしわ寄せを受けるのは彼ら自身であるという現実がある。10月のAPEC財務大臣会合では、コロナからの回復過程において世界的に格差が拡大していることとともに、現在進行中のロシアとウクライナの戦争や欧米による経済制裁による負の影響を間接的に述べながら、食料やエネルギー価格の不安定性がもたらす負の影響について懸念を表明した。コロナの打撃からの経済回復は、世界のどの国にとっても最大の懸案であるが、特に経済基盤の比較的弱い途上国に多くの負荷がかかっていることは明らかである。そして食料やエネルギー価格の高騰による影響も同様である。ロシアやウクライナは世界的にも小麦やひまわり油の輸出で大きなシェアを占め、またロシアの天然ガスや石油などの輸出量のシェアも大きい。加えて、ロシアは世界最大級の化学肥料の生産国・輸出国である。これらの品目について、ロシアやウクライナに依存していた国々のみならず、直接にはそれほどの依存はしていない国も、戦争の継続や先進国を中心とする経済制裁によってそれら供給の制限がもたらす価格高騰の影響を大きく受ける。その影響は経済基盤の比較的弱い途上国の方が深刻である。

　さらに、グローバル・サウスには欧米への根深い感情的反感と不信感があり、それが欧米との連携を阻み、政府レベルの行動はともかく国民感情レベルでは反欧米および親ロシアに傾きがちな要因として働いてい

るという事情もあろう。グローバル・サウスの多くの領域はかつて列強の植民地であり、そこから独立を勝ち取る過程においても、また主権国家としての自立性を確保しつつ国家建設を進める過程でも多くの苦難に直面した。こうしたナショナル・ヒストリーは国民の記憶として各国に根付いている。さらに、欧米はロシア軍のブチャなど各地の占領地域における非人道的行為について激しく批判しているが、以前、シリア内戦においてロシアがアサド政権側について介入し、非人道的な戦闘行為を繰り返していた際にはこれほど強い反応は示されなかった。こうした欧米のいわば「ダブルスタンダード」は、グローバル・サウス、特にムスリムの多い国の国民の神経を逆なでする。さらに、2021年8月のアメリカによるアフガニスタンからの慌ただしい撤退とその後のタリバーン政権の同国掌握は、世界的にアメリカへの信頼度を下げる結果となった。

　今回のロシア・ウクライナ戦争におけるグローバル・サウスのどっちつかずの行動は、世界が単純に二分化されているわけではないことを示す証左の一つである。さらに、米中をも含む世界的な経済的社会的グローバル化という現実も、世界を白黒に分ける見方の妥当性に疑問を投げかける。確かにコロナ禍で人の移動は遮断されたが、ウィズ・コロナのモードに世界が移行する中、移動制限の緩和が進められ、国境を越えた人の流れは戻りつつある。また、コロナでサプライチェーンの混乱が見られたのに加え、米中の戦略的競争の激化の中で、双方から経済安全保障の観点によるサプライチェーンの囲い込みの動きが見られるが、その主戦場である東アジアにおいては、中国も含むサプライチェーン網が展開されている。米中間の貿易やアメリカから中国への投資もむしろ増大している。経済的な相互依存網が深化している状況を分断するのは容易ではない。

　なお、世界を民主主義と権威主義に二分する見方は、暗にロシア、そして中国や他のグローバル・サウスの一部の国の権威主義化が進んでい

ることに着目する。それ自体は事実であるが、それらの国々が団結や結束を強めるか、またそれが盤石か、というのはまた別の話であり、慎重な考察が必要である。そして他ならぬ欧米諸国において、民主主義の後退が懸念される事態が進展していることも無視できない。例えば今年4月のフランス大統領選挙では、決選投票では急進右派・国民連合のマリーヌ・ルペンを下し、マクロンが勝利したものの、ルペンとマクロンとの差は2017年の前回の大統領選挙に比べると15ポイントも縮小していた。これは極右の台頭がじわじわと欧州において広がり、それに抵抗する力が弱まっていることを示唆しているのかもしれない。さらにアメリカにおいて、アメリカ・ファーストを掲げ、極めて一国主義的な外交を展開したトランプ前大統領の影響力は衰えていない。2022年11月の中間選挙は、多くの予想を裏切って民主党が善戦したとはいえ、アメリカ社会は深く分断され、民主主義を揺るがしている。このように、民主主義国内部から、民主主義を揺るがす事態が生じているのである。ウクライナへの「支援疲れ」と一国主義は結びつきやすく、欧米を始めとする先進国の対ロシア政策における連携にひびが入る可能性もあり、今後の動向が懸念される。

　ロシアによるウクライナ侵攻を契機とした戦争は、世界における様々な対立を以前よりもいっそう鮮明に可視化する作用をもたらしている。しかしそれは、一部で議論されているような世界が二つの陣営に割れ、「新冷戦」や「デカップリング」が展開する、というような単純なものではない。今回ロシアの野蛮な行為を支持する国はグローバル・サウスでも極めて少数である一方、ロシアへの正面からの批判は控え、先進国を中心とする厳しい対ロシア制裁には同調しない。そしてグローバル・サウスのみならず先進国内部における民主主義への挑戦も深刻である。さらに世界においてグローバル化は未だ現在進行形であり、パンデミックでの一時的な遮断や米中対立を受けてサプライチェーンを管理する動

きが見られるにしても、それらが決定的に世界を分断するかは極めて疑問である。

　現在、こうした複雑な対立と連携とが入り交じったまだら模様の展開によって、既存のリベラル国際秩序の揺らぎがいっそう深刻化している。グローバル・サウスの、今回のロシア・ウクライナ戦争を受けての複雑な反応やそれに基づく行動を理解した上で、先進国にとってもグローバル・サウスにとっても望ましい国際秩序とはどのようなものか、またその実現のためには何にどう取り組まねばならないか、を粘り強く説いていくべきである。日本のみならず世界全体にとって、経済発展、持続可能性、および公正性が担保されたバランスのとれた国際秩序を構築すること、そのために力による現状変更を試みる冒険主義を食い止め、安全保障環境を安定化させることの重要性は、今の不透明な状況の中で、いっそう増しているのである。

（掲載日：2022年11月15日）

第 **5** 章

ロシアは何を誤ったのか

2度のウクライナ危機における EUとNATOの要因

北海道大学 スラブ・ユーラシア研究センター 教授

服 部 倫 卓

> 服部 倫卓（はっとり・みちたか）
> 北海道大学 スラブ・ユーラシア研究センター 教授。
> 1964年静岡県生まれ。北海道大学大学院文学研究科博士後期課程（歴史地域文化学専攻・スラブ社会文化論）修了（学術博士）。
> 主な著作に、『不思議の国ベラルーシ ―ナショナリズムから遠く離れて』（岩波書店、2004年）、『ウクライナを知るための65章』（共編著、明石書店、2018年）など。
> ロシア・ウクライナ・ベラルーシ探訪 服部倫卓ホームページ
> http://hattorimichitaka.g1.xrea.com/
> ロシア・ウクライナ・ベラルーシ探訪　服部倫卓ブログ
> http://www.hattorimichitaka.net/

はじめに

ウクライナで、前回大きな危機が起きたのは、2013年から2014年にかけてだった。当時のV. ヤヌコーヴィチ大統領がロシアの圧力に屈して欧州連合（EU）との連合協定締結を棚上げし、それに反発した市民・野党が2014年2月にヤヌコーヴィチ体制を打倒。しかし、ロシアがその機に乗じてクリミアを併合する（国際的な承認は得られていない）とともに、東ウクライナ・ドンバス地方に介入して分離派による「ドネツク人民共和国（DNR）」および「ルガンスク人民共和国（LNR）」の樹立をお膳立てした。ウクライナ問題をめぐりロシアと欧米は激しく対立し、制裁を応酬し合うこととなる。ここではこの一連の過程を第1次ウクライナ危機と呼ぶことにする。

　それから8年の時を経た2022年、第2次ウクライナ危機と呼ぶべき事態が到来した。ロシアのV. プーチン大統領は前年から、対ウクライナ国境に軍を集結させ、その圧力を背景に、北大西洋条約機構（NATO）のさらなる東方拡大、ウクライナのNATO加盟を阻止する構えを見せた。2022年に入り2月21日、かねてからテコ入れしてきたDNRおよびLNRを国家承認する決定を強行。そして、プーチン政権は2月24日、「特別軍事作戦」と称してウクライナへの軍事侵攻を開始した。

　本稿では、第1次、第2次のウクライナ危機において、EUおよびNATOという要因がどう作用し、いかなる意味を持っていたのかを考察することにする。

第1次ウクライナ危機

　2013年から2014年にかけての第1次ウクライナ危機で前面に出たのは、NATOではなくEUであった。EUは、旧ソ連の近隣諸国を対象に、「東方パートナーシップ」という新たな関係枠組みを2009年に打ち出し、同諸国と連合協定の締結を推進しようとした。

　それに対し、ロシアは2010年に発足したベラルーシ・カザフスタンとの関税同盟の成功に手応えを覚えていた。2012年にロシア大統領に返り咲くことになるプーチンは、関税同盟を基盤に「ユーラシア経済連合」を結成し、将来的にはそれを「ユーラシア連合」に発展させていく構想をぶち上げた。そして、歴史的・文化的な紐帯で結ばれていると見なし、人口が多く経済的なポテンシャルも大きいウクライナを巻き込むことを、プロジェクトの成否を握るものと捉え、働きかけを強めていった。

　ウクライナでは、2010年2月にV. ヤヌコーヴィチ政権が誕生する。ヤヌコーヴィチは「親ロシア派」とのレッテルを貼られがちだが、同政

権にしても、どこまで真摯であったかは別として、基本的に欧州統合路線を志向していた。ロシアが執拗に求めたユーラシア統合については、オブザーバー参加以上のコミットには難色を示した。

2013年11月28〜29日にEUの東方パートナーシップ・サミットが開催されることになり、EU・ウクライナの連合協定の行方が注目された。しかし、2013年に入るとロシアが巻き返しを強め、ウクライナを経済的に圧迫、それに耐え兼ねたヤヌコーヴィチ政権は2013年11月21日、EUとの連合協定締結を当面棚上げすることを表明した。

協定棚上げに端を発したウクライナの反政府デモ、治安維持部隊とデモ隊の衝突は、2014年2月22日のヤヌコーヴィチ政権の崩壊にまで発展する。結局、EUは3月21日にウクライナの暫定政権と政治条項に限定した形で連合協定に調印し、その後6月27日には正式に発足したP.ポロシェンコ政権と連合協定（残されていた経済条項）への最終的な調印が行われた。

実はデモ隊を突き動かしていた最大の要因は、EU統合への希求というよりは、腐敗したヤヌコーヴィチ体制に対する怒りだった。それでも、デモの発端となったのはEUとの協定棚上げだったし、群衆はマイダン（デモの主たる舞台となったキーウ中央部広場）で当初からウクライナ国旗とともにEU旗も掲げていたわけで、政変の成就は自動的に欧州統合路線の選択を意味した。この政変が「ユーロマイダン革命」と称される所以であろう。決してNATOが焦点となる「ユーロアトランティックマイダン革命」ではなかったのである[1]。

裏争点だったNATO

このように、第1次ウクライナ危機では、EUとの提携か、ロシア主導のユーラシア統合への参加かが争点となった。その際に、EUの連合

協定も、ユーラシア統合も、軍事・安全保障ではなく、一義的には経済の枠組みのはずである。

　しかし、第1次危機の時点ですでに、反目は軍事・安全保障分野に波及する様相を見せ、次第にそれが深まっていった。そもそも、2014年2〜3月にロシアがクリミア併合を急いだのは、政変後のウクライナがEUだけでなくNATOにも接近し、ロシアの黒海艦隊がクリミアのセヴァストーポリ基地を失うことを恐れたからという要因が小さくなかったと考えられる。ロシア海軍の栄光の地であるセヴァストーポリに、NATO旗が翻るようなことがあれば、ロシアにとっては最大級の国辱である。

　2014年2月下旬、ロシアがクリミアの併合に向けた工作に乗り出すと、ウクライナ政界の大物 Yu. ティモシェンコは3月2日、もしもウクライナが以前からNATOに加盟していたら、ロシアのこのような侵略を許すことはなかっただろうと発言した。このあたりが、NATO問題が表面化する嚆矢であったと思われる。

　実は、ウクライナではヤヌコーヴィチ時代の2010年に、ロシアに配慮して、ウクライナが軍事ブロックには属さない旨の法律が制定されていた。その法律は2014年12月に廃止され、ポロシェンコ大統領はNATO加盟を目指す方針を明確にした。

　一方ロシアは、EU・ウクライナの連合協定に伴い両者間の自由貿易圏（FTA）が成立すれば、安価で競争力の強いEU産品がウクライナに溢れ、それがウクライナ産品と偽装されCIS自由貿易条約の枠組みにより無税でロシアに流入し深刻な被害が発生する恐れがあると主張した。そして、連合協定発効のあかつきには、ロシアはCIS自由貿易条約の例外措置としてウクライナ産品に関税を導入すると警告した。実際、EU・ウクライナのFTAが全面発効する2016年1月1日をもって、ロシアはウクライナからの輸入に関税を導入している。

EU産品がウクライナ経由でロシア市場に流入するという脅威が実際にあるのかという点に関しては、ロシアの経済学者からも懐疑的な見解が示された。たとえば、ロシア科学アカデミー・ヨーロッパ研究所のA. バジャンは直截に、ロシアはEU産品の流入を本気で恐れているのではなく、ウクライナとEUの関係構築がNATOとの関係拡大にまで発展することこそが核心的な懸念なのだと喝破している[2]。

その後、ロシアは一連の品目をウクライナから輸入すること自体を禁止し、ウクライナもそれに応戦したため、両国の通商関係は全面的な貿易戦争の様相を呈するようになる[3]。もしもロシアがウクライナをユーラシア統合に招いた動機が、純粋に経済的なものであったとしたら、ウクライナがEUとの提携を選択したとしても、ロシアは別の形でウクライナとの経済協力を継続したはずである。それが、ウクライナがEUを選択したとたんに、ロシアにとって経済はウクライナを痛めつけるための手段と化したわけだ。これでは、ロシアの真の目的はウクライナを自国の支配下に置くことにあり、経済はそのためのアメまたはムチにすぎないとの誹りを免れまい。

憲法にEU・NATO路線を明記

ところで、第2次ウクライナ危機に至るまでに、重要な伏線があったことは見逃せない。

ウクライナでは2019年1月に、当時のポロシェンコ大統領が再選出馬を正式に表明した。その際の演説でポロシェンコは、ウクライナは2024年にEUへの加盟申請を提出し、またNATOの「加盟のための行動計画」を受け取って履行し始めると宣言した。

そして、同年2月7日、ウクライナの議会に当たる最高会議は、EUおよびNATO加盟路線を憲法に明記する大統領提出の憲法改正法案を

可決した。なお、ウクライナ憲法は総議員数（450）の3分の2となる300以上の賛成で改正できる軟性憲法であり、この時は賛成334で可決された。

この結果、憲法序文には、ウクライナ民族の欧州アイデンティティと、EU・NATO加盟路線の不可逆性に関する文言が加筆された。また、第102条には、「ウクライナ大統領は、ウクライナのEUとNATOへの完全な加盟に向けた国家の戦略的方針の実現を保証する者である」との文言が追加された。

こうした進展はあったものの、生活の改善を願う国民の声に寄り添うことなく、親欧米・反ロシア的レトリックを弄するばかりのポロシェンコからは、民心が離れていった。2019年3、4月に実施された大統領選では、政治経験のないV.ゼレンスキーがポロシェンコに対し地滑り的勝利を収め、同年5月20日に第6代ウクライナ大統領に就任した。なお、EU・NATO加盟路線が憲法に明記された状態は、ポロシェンコからゼレンスキーに政権交代しても、変わることはなかった[4]。

ウクライナがEU加盟を目指すこと自体は、理解できる方向性であろう。また、ロシアにクリミアを奪われ、ドンバス地方への介入を受けてきただけに、NATOに加盟して自国の安全を守りたいという願いも自然なものである。しかし、2019年の時点では、EUにもNATOにもウクライナを加盟国として迎え入れる意向はなく、仮に実現するにしても遠い将来になるはずであった。そのような不確かな状況下で、EU・NATO加盟路線を憲法に明記することが得策であったのかは、難しい問いである。憲法に明記したところで加盟が進展するわけではなく、ウクライナに非があるわけではないにせよ、プーチン・ロシアを苛立たせるだけになりかねなかったからである。

第2次危機ではNATOが前面に

　ロシアは2021年終盤にロシア軍を大々的にウクライナ国境に集結させ、米紙『ワシントン・ポスト』は12月3日、米情報機関がまとめた報告として、ロシア軍が新年早々にもウクライナに侵攻する準備をしていると報じた。

　そして、プーチン政権はこうした軍事的圧力を背景に、ウクライナがNATOに加盟することと、NATOの兵器システムがこれ以上ロシアの国境に近づくことは、ロシアが許容できない「レッドライン」だと主張。プーチン大統領は12月7日のバイデン米大統領とのオンライン首脳会談で、NATOはウクライナの加盟を認めないとの「法的に明文化された保証」をロシアに与えるべきだとも主張した。

　NATO側がこの要求を飲めるはずもなかった。結局ロシアは、2022年2月24日にウクライナへの軍事侵攻を開始する。かくして、第2次ウクライナ危機ではEUではなくNATOの要因が前面に出ることとなった。

　なお、最近一部の論者が、ロシアは実際にはNATOではなく、ウクライナの民主主義と、同国経由でロシアに民主主義が流入することを恐れているのだという論陣を張っている[5]。しかし、個人的には、ロシアの政治評論家A.マカルキン氏による「ロシアの指導部が、ハルキウ（ハリコフ）の近辺にNATOのミサイルが配備されることを憂慮していると述べる時、たとえそれが将来的なことであっても、彼らは本気でそう思っており、PRではないのだ[6]」という解説の方に、説得力を感じる。そして、単にNATOがロシア領に迫るだけでなく、自分たちが本来の領分と見なすウクライナに触手を伸ばすことに、異常なまでの拒絶反応を示しているのだと理解している。

　さて、開戦後、ロシアとウクライナによる和平交渉も断続的に試みられ、一時期は進展が伝えられた。そして、その際に和平で中心的な項目

になると考えられていたのが、ウクライナの「中立化」であった。しかし、上述のような憲法のありようからして、ウクライナの中立化という取り決めは簡単ではない。

　確かに、ゼレンスキー大統領も一頃は、周辺諸国が安全の保障を確約することを条件に、NATO加盟を断念することもありうるとの考えを表明していた。ところが、ウクライナの現行憲法には、大統領はNATO加盟の実現を保証する者であると明記されている。ゼレンスキー大統領が中立やNATO非加盟に関し他国と交渉することは、厳密に言えば憲法違反に該当しよう。

　ロシアが優位な状況で和平交渉が行われれば、ロシアはウクライナが憲法からNATO加盟路線を削除することを要求するだろう。しかし、それだけではウクライナが中立を守る担保にはならない。そこで、ロシアとしては、ウクライナが永世中立を守り軍事同盟には加わらないことに関する規定を、いわば永久条項のような形で憲法に盛り込むことを主張することが考えられる。憲法のそのような根本的な変更を、大統領の一存で決められるとは思えず、国民投票が必要となろう。

ウクライナのEU加盟に関するロシアの立場

　ところで、ロシアのD.ペスコフ大統領報道官は、侵攻開始から間もない3月16日に、ウクライナとの停戦協議で、スウェーデンやオーストリアをモデルにウクライナを「中立化」する案が議論されていることを明らかにした。もし本当にウクライナがスウェーデンやオーストリアのようになれるのであれば、朗報だろう。両国とも、軍事ブロックであるNATOにはこれまで属してこなかったものの、EUには加盟し、ロシアによる支配の圏外に置かれてきたからだ。

　実際、対ウクライナ交渉に臨んだロシア代表団のV. メジンスキー大

統領補佐官は3月29日、ロシアはウクライナのEU加盟に反対しない旨述べている。さらに、6月17日にはプーチン大統領も、ウクライナのEU加盟に関しては「反対しない」と明言した。

EUは連合協定を通じてウクライナと連携してきたものの、これまでは同国の加盟希望をまともに取り合おうとはしなかった。ところが、ロシアによるウクライナ侵攻を受け、フォンデアライエン欧州委員会委員長は2月27日、ウクライナについて「我々の仲間であり、EUに加盟してほしい」と発言した。翌28日にウクライナはEUへの加盟申請を行い、早くも6月23日にはEUがウクライナを加盟候補国として承認した。

このように、「ウクライナのEU加盟・NATO非加盟」という方向が一つの落としどころとして浮上したかに思われたわけだが、それではプーチン・ロシアには本当にウクライナのEU加盟を認める用意があるのだろうか。筆者個人は、きわめて懐疑的である。

結局のところプーチン大統領の行動は、きわめてプリミティブな縄張り意識に根差しているというのが、筆者の認識だ。ロシアはEUとNATOをセットで見る傾向が強く、2014年以降にロシアがウクライナ・EU連合協定の実施を妨害しようとしてきた経緯から考えても、ウクライナのEU入りを黙って見ているとはとても思えない。

遠のく妥協的解決

ロシア・ウクライナ戦争では、2022年2月の開戦から半年あまりを経て、初秋からウクライナが本格的な反転攻勢に転じた。ウクライナが占領地を大幅に奪還したことで、様相が一変することとなる。戦場で優勢に立つウクライナが、プーチン・ロシアが突き付ける中立やNATO非加盟といった一方的な要求を受け入れる必然性は、薄れることとなった。

そうした中、ロシアにより占領されていたウクライナ東部の自称「ド

ネツク人民共和国」、「ルガンスク人民共和国」、南部のヘルソン州、ザ
ポリージャ州では、9月23日から27日にかけてロシア連邦への編入を
問う「住民投票」なるものが強行された（なお、ロシアは4地域の全域
を支配できていたわけではない）。いずれの地域においても、ロシアへ
の編入に賛成する票が圧倒的多数に上ったと発表された。ロシアのプー
チン政権は、国際的な批判には一切耳を傾けず、9月30日に国家編入に
関する条約をウクライナ4地域の代表者と締結、10月5日までに編入の
ための国内手続きを完了した。

　ウクライナ側は9月30日に国家安全保障・国防会議を開き、ロシアに
よるウクライナ4地域併合宣言への対応を協議した。その結果、ゼレン
スキー大統領はNATOへの加盟を申請する方針を決めたことを明らか
にした。ただし、本稿を執筆している2022年10月時点で、NATO側が
ウクライナの加盟希望にどう対応するかは不透明となっている。

　本稿で見てきたとおり、第1次ウクライナ危機においては、主たる争
点はEUであったものの、当初からNATOの要因も孕んでいた。第2次
ウクライナ危機においては、NATOの問題が前面に出る一方、その過
程でウクライナのEU加盟がにわかに現実味を帯びることとなった。一
時期は、「EU加盟・NATO非加盟」というオプションが、落としどこ
ろとなるかに思われた。

　しかし、実際にはプーチン政権がその着地点に向けて真摯に交渉に臨
んだ様子はなく、その後もウクライナへの攻撃を続けた。そして、軍事
的に劣勢に転じたにもかかわらず、4地域の併合を宣言するという挙に
及び、かえってウクライナを再びNATO加盟路線に向かわせることと
なった。

　この戦争がどのような結末を迎えるにしろ、戦闘停止後も、ロシアの
国家体制が変わらない限り、ウクライナにとっての軍事的な脅威は残る
こととなる。開戦前以上に、ウクライナはNATO加盟を切実に必要と

するようになるはずだ。ところが、ウクライナがNATOに接近すれば
するほど、ロシアが矛を収めることは期待しにくくなる。この紛争に関
し、妥協的な解決は、もはや不可能になっているのかもしれない。

（掲載日：2022年4月8日　改稿日：2022年10月16日）

《注》
1）以上、第1次ウクライナ危機に関し詳しくは、服部倫卓「ウクライナのユ
　ーロマイダン革命」『ロシアNIS調査月報』（2014年4月号）；同「ウクライナ
　大統領選とポロシェンコ」『ロシアNIS調査月報』（2014年7月号）；同「ウ
　クライナ経済の実相と対EU関係」『日本EU学会年報』（第35号）等参照。
2）http://en.instituteofeurope.ru/images/uploads/doklad/317.pdf
3）服部倫卓「激化するウクライナとロシアの貿易戦争」『ロシアNIS調査月
　報』（2020年8月号）；同「ウクライナ・ロシアの貿易戦争は続く」『ロシア
　NIS調査月報』（2021年8月号）。
4）以上の経緯に関し詳しくは、服部倫卓「2019ウクライナ大統領選挙の顛末
　―異例の政権交代はなぜ起きたのか」『ロシアNIS調査月報』（2019年6月
　号）；同「ウクライナ・タレント大統領誕生で何が変わるか」『外交』（Vol.55,
　May/Jun. 2019）参照。
5）たとえば、英王立国際問題研究所のオリシア・ルツェビッチ特別研究員。
　https://digital.asahi.com/articles/ASQ294JGZQ24UHBI03Y.html
6）https://www.mk.ru/politics/2022/02/08/rossiya-v-oborone-chem-
　nyneshnyaya-kholodnaya-voyna-otlichaetsya-ot-sovetskoy.html

プーチン・ロシアのウクライナ侵攻が意味するもの

前 ウクライナ駐箚日本国特命全権大使

倉 井 高 志

倉井 高志〈くらい・たかし〉
前 ウクライナ駐箚日本国特命全権大使。
1981年、京都大学法学部卒業後、外務省入省。アンドロポフ死去後のソ連を皮切りに、特命全権公使として最後の勤務を終えるまで、4度にわたってモスクワの日本大使館に務めた。本邦では安全保障政策課首席事務官、中東欧課長、情報課長、国際情報統括官組織参事官等、安全保障・情報分野や東ヨーロッパ関係を多く手がけた。2016年から在パキスタン大使、2019年から在ウクライナ大使、2021年10月に帰国し、退官。

　今回のプーチン・ロシアによるウクライナ侵攻は余りに常軌を逸しており、如何なる理屈を並べ立てようとも絶対に許されるものではない。このことは、いまや国際社会にほぼ共通の認識となっていると言って良い。プーチン・ロシアが掲げたウクライナ侵攻の目的設定や理由付けは余りに荒唐無稽で、そして恐らくは正にその故に、目的の達成に向けてとられてきた措置は想定通りに機能していない。当面最大の懸念は、業を煮やしたプーチン・ロシアがこれまで以上の大規模空爆、ウクライナ全土の焦土化あるいは核使用など、更に過激な行動に出ないかということであり、これを防ぐことができるかどうかはウクライナのみならず世界にとって最重要課題の一つである。

　本稿ではウクライナ侵攻にかかるプーチン・ロシアの目的や理由付けとそのための手段を仔細に検討した上で、今回の侵攻が世界と日本にとってもつ意味について卑見を述べることとしたい。

※本稿は2022年3月14日に掲載されたものの再掲で、その後の出来事については含まれていないが、書籍化にあたり同年11月8日時点で筆者が記したものを「追記」として154頁以降に付け加えた。

1. ウクライナ侵攻の目的・理由づけ

　昨年末あたりから本年初めにかけてロシア軍がウクライナ国境付近の部隊を急速に増強しつつあった頃、私の想定は、もし軍事侵攻を行うのであれば主としてドンバスの占領地域を北西並びに南西に拡張し、ウクライナ北東部のロシア国境地帯の国境としての機能を事実上無力化するとともに、クリミアとドンバスを連結してロシア本土とクリミアを陸路でつなげる、そしてそのような軍事行動に必要な範囲で首都キーウではサイバー攻撃並びに特殊部隊による攪乱工作等によって、政治・軍事上の指揮命令機能を麻痺させる作戦をとり、首都キーウを面で攻略することを目的とするような部隊の投入、あるいはウクライナ全土の制圧は作戦計画に含まれない、と考えていた。

　この想定は間違っていたことが明らかになった訳であるが、以上のような想定をしたのは、それが（もちろん許される行為でないことは当然として）ロシアにとって政治的・軍事的に合理的な行動と考えたからである。

　キーウ攻略は指導部のすげ替えを含むものであるが、ロシアが軍事力によって無理矢理もってくる指導者をウクライナ国民が支持する筈はなく、絶対に長続きしない。またロシアは、ウクライナは独立国でありながらロシアに従属するというのがベストと考えるであろうから、ウクライナ全土を制圧してその国家運営をすべて引き受けるようなことは余りにコストが大きすぎて割に合わない。更に軍事的観点からも、国境付近のロシア軍はそれが15万人であれ19万人であれ、ウクライナ全土の制圧には全く足りない。しかしプーチンはこれを選択した。

　今回の軍事侵攻については何よりもまずこの戦略目標の設定において今なお理解困難な面があるのであるが、更に、「侵攻はない」「攻撃目標は軍事施設のみ」「ウクライナを占領する意図はない」等といったあからさまなウソもさることながら、これまでロシア側が主張してきた軍事侵攻の理由や背景説明も余りに荒唐無稽と言わざるを得ない。具体的には以下のとおり。

（1）ウクライナのNATO加盟阻止？

　プーチンはウクライナのNATO加盟を阻止しなければ自国の安全が確保できないとしていた。確かにウクライナにとってNATO加盟は悲願である。しかし残念ながら現時点において、ウクライナのNATO加盟が近いうちに実現する見通しは立っておらず、ロシアにとって差し迫った脅威ではあり得ない。このことはウクライナ自身が自覚していることであり、また欧米各地で暗躍するロシアの情報機関の情報収集活動を通じて、ロシアとしても少なくとも事実認識としては把握していた筈である。よってNATO加盟が近づいているから軍事力で阻止しなければならない、という命題は全く成り立たない。

　問題をウクライナに限定せず、広く冷戦後のNATO拡大について考えてみよう。冷戦終結後、NATOは一貫して東方拡大を進めてきたとプーチンは言う。しかしながら最も重要なことは、NATOは決して東欧諸国の首に縄をかけて無理矢理NATOに加盟させてきたのではないということである。実際に起こったことは、NATOは東欧諸国からの非常に強い要請を受けて、ロシアとの関係を始めとする国際環境との調整に意を砕きながら、加盟を認めてきたに過ぎない。より本質的なことを言えば、そもそもロシアが東欧諸国の自由と独立を尊重した上で安全を保障してくれるのであれば、東欧諸国はNATOに加盟する必要はないし、そのようなインセンティブは生じなかったのである。

東西ドイツ統一の際、NATOはこれ以上東に拡大することはない旨の約束があったとロシアは言う。実際の交渉の中でどのようなやりとりがあったかについて、第三者である日本は知るよしもない。しかし明文化されたものがなくかつ双方の言い分が異なっているのだから、それをいくら主張しても物事は前に進まない。ただ何よりも重要なのは、そもそも同盟政策は主権国家の当然の権利であり、他国がこれを妨げることはできないということである。欧州を中心に57カ国が加盟する世界最大の地域安全保障機構、欧州安全保障協力機構（OSCE）の基本文書であるヘルシンキ最終文書（1975年）には、すべての加盟国が「同盟条約を結ぶこと、そして結ばないことの自由」を有することが明記されている。ロシアはもちろん、OSCE加盟国の一つである。

　これに対してロシアは、OSCEのイスタンブール宣言（1999年）には更に、加盟国は「他の加盟国の安全を犠牲にして自国の安全を強化すること」をしてはならないと書かれており、NATOの東方拡大はこの文言に反すると言う。しかしながらそもそも、自身の安全のためにウクライナに侵攻するという行為が、何よりもまず「他の加盟国の安全を犠牲にして自国の安全を強化する」行為に他ならない。加えて同宣言には更に続けて、いずれの国も「OSCE域内の如何なる部分であれ自国の勢力圏（sphere of influence）と解してはならない」とも明記されている。

　更に言えば、ウクライナは冷戦終結の後、ソ連邦の中でそれまで有していた核兵器を放棄して核不拡散条約（NPT）に非核保有国として加盟したのであるが、その際、ロシア、米国、英国の首脳はウクライナに対し、ウクライナの「独立、主権そして現在の国境を尊重する」ことを約束した（1994年、ブダペスト覚書）。2014年のクリミア「併合」はロシアによるブダペスト覚書のあからさまな違反に他ならない。ウクライナからすれば、ロシアは自国の元首（当時のエリツィン大統領）が署名し明文化された約束さえ守らないのに、他国に対しては合意文書も存在

しない約束を守るべしと言うのは余りに身勝手、ということになる。

(2) 侵攻目的としてのウクライナの「非ナチ化」?

　プーチンは今般の軍事行動の目的の一つにウクライナ政権の「非ナチ化」を挙げている。しかしながらゼレンスキー大統領は両親ともにユダヤ人で、従って本人もユダヤ人である。彼が大統領に就任した2019年5月の段階では、首相もユダヤ人であった。大統領と首相がともにユダヤ人である「ナチ政権」というのはあり得るのだろうか。

　2014年のマイダン革命の頃、親露派、反露派ともに多くの有象無象の団体が運動に加わった。その中にはいわゆるウルトラ右翼、ネオナチを自称するものもあった（繰り返すがこれは親露派、反露派双方にあった）。しかしウクライナにおいてこれら右翼系団体の支持率は総じて非常に低く、マイダン革命後に行われた議会選挙で若干名の議員を輩出した団体もあったがその後は更に低迷を続け、2019年の議会選挙ではいずれの政治団体も足切り条項である5％の壁を越えられず、今日のウクライナ議会にはこれら団体出身者で選ばれた者はいない。

(3) ドンバスでは「ジェノサイド」が行われている?

　ドンバスではウクライナ政府軍によるジェノサイドが行われているとロシアは言う。ジェノサイドとは特定の人種、民族を殲滅しようとする行為である。ドンバスでは確かに死傷者が日常的に発生している。しかしながらそこで起こっていることは戦争なのであって、死傷者は戦闘員、民間人のいずれについても、またウクライナ政府側、武装勢力側の双方で生じている。

　3月5日に行われたとするプーチンとアエロフロート・ロシア航空女性職員との会合がロシア・メディアで放映されたが、そこにプーチンが今回の軍事侵攻の背景を説明するくだりがある。プーチンは今回の軍事

行動を正当化する理由との趣旨で「ドンバスでは2014年から今日までに1万4千人もの死者が出ているのだ」と強調した。この1万4千人という数字は国連高等弁務官事務所（UNHCR）が出している数字と合致しているが、これはウクライナ政府側、現地武装勢力側の双方の死者数の合計であって、決して現地武装勢力、ましてロシア人だけの死亡者数ではない。

OSCEは現地にモニタリング・ミッションを派遣して日常的に現地情勢を監視しているが、停戦協定違反や死傷者について、その帰属がどちらであるかを判断すること、ましてロシア人とウクライナ人を区別することは極めて困難である。小生は2019年1月のウクライナ着任以来、ドンバスに3度訪問し、またOSCEの報告もずっと見てきたが、ウクライナ政府側による「ジェノサイド」などという話は聞いたことがない。

（4）ウクライナはミンスク合意を履行していない？

ウクライナはミンスク合意を遵守していないとロシアは言う。実はこれも一方的な決めつけと言わなければならない。ミンスク合意はそれぞれの当事者が果たすべき多くの義務を規定する、非常に複雑な取り決めなのだが、全体を通して重要な義務は三つ、すなわち、①即時停戦、②外国軍隊の撤退と国境管理、③ドンバスの一部地域に特別の法的地位を付与すること、である。

このうち①については誰も異存はない（遵守されるかどうかは別として）。これに対して②と③はそれぞれドンバスの「治安」と「政治」の根幹をなすものであり、当然ながらウクライナ側は②を重視し、ロシア側は③を重視した。そして当時のポロシェンコ大統領は③の義務を果たせば、ロシアは②の義務を果たしてドンバスから撤退するものと期待していた。ポロシェンコはこの理解に立って2014年9月、ミンスク合意（いわゆるミンスクI）の規定に沿って直ちに「ドネツク・ルハンスク

州一部地域の地方自治の特別手続きに関する法律」を成立させた（この法律は現在でも有効である）。

　既述のとおりポロシェンコとしては、ウクライナ側が義務を果たしたのだから次はロシア側が軍隊の撤退という義務を果たすだろうと期待していた。ところがロシア側は撤退するどころか逆に攻勢を強め、2015年2月には圧倒的な軍事力を前にウクライナ側は後退せざるを得ず、とにかく停戦を最優先するという不利な状況の中で再度の合意（いわゆるミンスクⅡ）を結ばざるを得ない状況になった。

　同合意は、ミンスクⅠよりも更にウクライナにとって不利な条件を飲ませるもので、ドンバスの法的地位については法律ではなく憲法で規定するという内容に変えられた。他方ロシア軍は依然として居残り続け、あるいは関与し続けている。しかもロシア側の主張は、ドンバスはウクライナの内戦であってロシアは直接関与しておらず仲介者に過ぎないというもので、これは今日まで変わっていない。このミンスクⅡ合意を境に、ポロシェンコ大統領の対露政策は反露方向に大きく転換するのである。

　もちろん、如何に不利な合意であっても、合意は合意であり守らなければならないと言うこともできる。ただミンスク合意は非常に複雑な規定振りになっており、例えば、そこには関係者それぞれの果たすべき義務が規定されているものの、それぞれの義務の先後関係が定められていない。すなわちウクライナ側はロシア軍の撤退（＝治安）が先と主張し、ロシア側は特別の地位の付与（＝政治）が先と主張して、折り合いがつかず、今日に至っているのが実情なのである。

　この問題は、ドンバスは「ウクライナの内政問題」であってロシアはあくまで「仲介者」であるとするロシアと、ドンバス武装勢力はロシアの支援なしには成り立たず、「ロシアは仲介者」というのはあからさまなウソであって、実質的な影響力を有するロシアと交渉しなければ解決

しないとするウクライナとの対立という性格を有している。

　以上に見るように、ウクライナはミンスク合意を履行していないというのは正確ではなく、逆にロシア側は自国軍の撤退という最も重要な義務を全く果たしていないと言うのがウクライナの立場である。このことは、そもそもドンバスの問題をロシア側がどのように位置づけているかを知る上で重要である。

2. プーチンは何を考えているのか

　では実際、プーチンはなにを考えているのか。プーチンがウクライナをどう位置づけているかについては、2014年3月、クリミア「併合」に当たってロシア議会に対し行った演説、昨年7月に発表した論文「ロシアとウクライナの歴史的一体性について」、及び本年2月にいわゆるドンバスの2つの「共和国」を国家承認する際にロシア国民向けに行った演説等で明らかにされている。

　これら演説等はいずれも大変な長文で、歴史的経緯を含めプーチンの考えが非常に詳しく述べられているが、主張するところは要するに「ウクライナはロシアの一部なのであって、国家のような体をなしているが実は独立国家ではない」と言うものである。演説等の中で詳述されている個々の論点もさることながら、この中心的なテーゼが今回の軍事行動の根底にある考え方であり、そして私が今回の軍事行動の想定を見誤ったのも、このような余りに現実離れしたテーゼに沿って実際に軍事行動を起こすとまでは想像できなかったからに他ならない。

　これまでの一連の言動を見て、プーチンは気が狂ったのではないかと言う論者がいる。そうかも知れないし、「何をしでかすか分からない指導者」を演じているのかも知れない。ただいずれの場合であっても、恐らくプーチン自身はこのような荒唐無稽なテーゼを心から信じている。

更に、ウクライナが米国を始めとする西側諸国の完全なコントロール下にあり、マイダン革命を始めこれまでの「反露的行動」は西側の工作に操られた結果であると心底信じていると私は思う。その場限りの思いつきや交渉等を有利に進めるための方便ではない。

ソ連時代に「パラノイア」とも言われた過剰なまでの防衛意識、常に自分たちは外部から攻撃を受けるリスクに晒され、軍事力を強化しなければこちらがやられてしまう、というロシアの被害者意識は、一定程度現実の歴史に裏打ちされている面もあり、仮に今後、プーチン以外の指導者が出てきたとしても、この認識が大きく変わるとは考えにくい。そしてウクライナのロシアにとっての位置づけについても、恐らくロシア指導部のほとんどの者が多かれ少なかれプーチンのような認識をもっていることは想像に難くない。

ただそのことと、かかる発想に基づいて実際に軍事行動を起こすこととは全く異なるのであって、両者の間には大きな開きがある。今回のプーチンの行動はその意味で極めて特異であり、このような誤った発想に基づく軍事行動の敷居を低くした背景には、長期独裁政権からくる彼自身の驕りがあったのかも知れない。

いずれにせよ重要なことは、プーチンやロシアにはこのような思いがあるのだからそれを理解してあげなければならないといった主張は、今日ロシアがウクライナに対して行っている暴挙に対して全く意味をなさないということである。既述したとおり、そのような思いをもつことと、これに基づいて実際に侵略行為を犯すことは天と地の違いがある。どんな思いをもとうと自由であるが、やってはならないことは絶対にやってはならないのである。

3. 目的達成のための手段について

　以上に挙げた目的や理由を背景に今回の侵攻は行われたとされている
が、恐らくはこれら目的や理由そのものが余りに非合理なものであった
が故に、目的達成のための手段、とってきた措置もさまざまな形で機能
不全を起こしているように見える。具体的には以下のとおり。

（1）軍事行動の現状評価：作戦計画どおりには進んでいない

　本稿を書いている3月10日の時点で、ロシア軍の侵攻開始から2週間
が経過している。あらゆる状況から判断して、ロシア側は恐らく数日か
ら数週間程度の短期決戦を想定していたものと思われるが、電撃戦が想
定したとおりの成果を収めなかったことは既に結果が証明しており、今
日、ロシア軍は作戦計画の変更を余儀なくされていると見られる。

　緒戦のミサイル攻撃を中心とする指揮命令システム、空港、軍事デポ
等の攻撃と制空権の確保、それに続く空挺部隊・地上軍の投入等は教科
書通りの進め方で、大きな問題なく進められたものと思われる。ところ
がその後、南部の黒海沿岸地域ではある程度成果を収めた一方で、キー
ウ、ハルキウに向かう北部、北東部からの進撃は想定どおりには進んで
いない。ベラルーシ方面からキーウに向かっているとされる全長64km
に及ぶコンボイ（貨物自動車の隊列）は3月9日現在、なお実質的な動
きを見せていないかあるいは非常に遅い速度でしか進めていないようで
ある。

　ロシア軍側の将官・佐官クラスの死亡も複数生じていると見られる。
3月3日には、ウクライナ北東部の国境付近からハルキウを目指して侵
攻したロシア第41軍の副司令官であったスホヴェツキー少将が死亡し
た。更にウクライナ情報当局によれば8日までに、同第41軍の参謀長ヴ
ィターリ・ゲラシモフ少将（ロシア軍参謀総長であるヴァレーリ・ゲラ

シモフとは別人）、そのほか少なくとも大佐クラスが1名、中佐クラスが2名死亡したとの情報がある。スホヴェツキー少将以外についてはなお未確認であるが、同少将については既に葬儀も済まされたようで確実と見て良いであろう。

　将官・佐官クラスの死亡は軍全体の士気に影響を及ぼすが、特にスホヴェツキー副司令官についてはスナイパーの攻撃により死亡したと報じられているところ、これが正しいとすれば副司令官が前線に出ていたことになり、通常はあり得ないことである。

　長期戦は間違いなくロシア軍にとって不利に働く。いくつか理由があるが主要なものの一つは補給・兵站である。そもそも今回の侵攻作戦のために集結していた部隊はその多くが大隊戦術群（Battalion Tactical Group：BTG）と呼ばれ、冷戦後のロシアにおける軍改革の中で2009年頃から本格的に創設されてきた部隊単位で、800 〜 900人程度の比較的小規模の部隊から成っている。小規模ながら打撃力に優れ、小回りがきいて即応性の高い部隊であり、比較的狭い範囲の戦域において限定的な軍事目的を短期間に達成するには適している。しかしながら、一国の制圧のように縦深性のある、かつ長期にわたる戦闘には向いていない。その弱点は先ず何よりも補給に表れる。ウクライナ国境付近に展開された部隊は合計人数としては多いが、その大宗はこの大隊戦術群の集合である。いまロシア軍の侵攻速度が遅くなっている理由の一つが補給にあることはまず間違いないと思われる。

　もう一つ、更に重要な理由はロシア軍のモラール（士気）の問題である。侵攻を迎え撃つ側はもちろんであるが、攻撃する側の兵士にとっても一つ一つの行動には自分の命がかかっている。兵士も人間であってロボットではない。命をかけて戦うには、命をかけても惜しくないという理由、正義が必要である。ところがロシア軍にはこれが決定的に欠如している。これに対しウクライナ軍には戦う理由が明確であり、祖国のた

め、愛する妻のため子供のため、家族のために命を投げ出しても良いと
考えている。この違いは戦場において大きな意味をもつ。

　もちろん、士気だけで戦いきれる訳ではなく、武器弾薬、食料等の継
続的な供給が必要であるが、ウクライナに対しては多くの国がこれらの
供給に協力しており、補給路の確保さえできれば供給は継続できるであ
ろう。

（2）広範囲の事前準備と想定を超える反発

　今回の侵攻に当たっては、長期にわたる準備作業が積み重ねられてき
たと見られ、それは軍事のみならず政治、外交、経済等、必要な関連分
野においてもなされていたと思われる。しかしながら現状は、恐らく準
備活動の段階における想定を超えるであろう問題が各方面で生じている
ようだ。

　侵攻前の2月1日、プーチンはハンガリーのオルバン首相とモスクワ
で会談し、「12回目の会談」（オルバン首相）と言うことに象徴される、
長期にわたる良好な関係をアピールした。これについてはEUの分断、
特に経済制裁の決定プロセスに影響を与えるべくハンガリーを使おうと
する意図が明らかであった。

　プーチンはまた2月4日には北京五輪の開会式に出席し、習近平主席
と会談した上で、中国への追加ガス供給で合意したとして、ノルドスト
リームⅡの稼働如何を巡りロシアに圧力をかけようとする試みは功を奏
しないとのメッセージを送った。

　これらはすべて侵攻後に生じるであろう政治・外交・経済にわたる対
露圧力に対する牽制として予め計算された行為であったと見られる。

　ところが軍事侵攻のあまりの非道さに国際世論はほぼロシア非難一色
となり、「トロイの木馬」とする筈であったハンガリーのオルバン首相
も、4月に選挙を控えていることもあってEUの対露制裁にあっさり同

意した。中国も国際世論の行方を見極めつつ、ロシアの軍事行動を正面から支持するような言動は努めて控えているように見える。最近は「各当事者の求めに基づき」「国際社会とともに」積極的な役割を発揮したいとして、自国が単独で何らかの義務を負わされることを避け、また何らかの秩序形成について話し合われるのであればその意思決定プロセスから外されることを避け、今回の軍事行動については支持しないまでも一定の理解を示すという、念の入ったメッセージを発している。

　今回の各国による制裁は、ロシア経済にかなり実質的なダメージを与えている。特にSWIFTからの排除は、EUがロシアからのガス輸入の決済に必要なガスプロムバンク及びズベルバンクを含めなかったとは言え、ロシア経済に実質的なダメージを与えることは間違いない。ルーブルは急落し、中央銀行は通貨防衛に迫られているが外貨不足のため市場介入は困難で金融政策しか選択肢がなく、政策金利を9.5％から一気に20％に上げるという極端な政策を実施しなければならなかった。

　ロシアの国債、社債は下落の一方で、3月7日付の各種報道によれば、ロシア国債の債務不履行リスクを保証するクレジット・デフォルト・スワップ（CDS）の保証料率（5年もの）は2月28日の時点で15％を突破し、デフォルト確率は80％近くにまで上昇したとされた。更に3月8日には格付け大手フィッチ・レイティングスはロシアの信用格付けをBからいきなり6段階引き下げてCにした。「投機的水準」のBから「デフォルト寸前」のCに引き下げたと言うことだ。ロシア国内の銀行の前に預金の引き出しを求めて長蛇の列ができている様子は日本でも報じられている。

（3）国内からの反発

ロシア国内においても反対運動が大きな高まりを見せている。報じられるところではロシア全土の70カ所以上にわたって反戦あるいは反プ

147

ーチンのデモが発生し、これはその広がりにおいて少なくとも最大規模の一つであることは間違いない。

　ロシアはプーチンによる統制が強固に確立されている国であるが、それでも少なくとも数年に一度程度は広範囲にわたって住民による反政府、あるいは反プーチン・デモが繰り広げられ、その都度大量の拘束者を出してきている。しかしながら、今回のデモはこれまでと少し様子が異なる。特に重要と思われるのはデモに参加する人々の動機である。例えば議会選挙の不正を訴えるデモ、反プーチンの急先鋒ナヴァリヌィ氏を支持するデモ等は、政治的主張を中心に据え、その動機はある意味で観念的とも言える。それに対し今回のデモは、もちろん政治的主張も含まれているが、やむにやまれぬ感情がこもっている。自分の息子あるいは親類縁者が死んでいくのを目の当たりにした人々の情念がこもっており、精神的により強固な動機に基づいていると言えよう。このようなデモは私の知る限りこれまでにはなかったものである。

　各国による制裁等の影響を受けて、プーチンを資金面で支える、いわゆるオリガルヒからも今回ばかりは反戦の声が出ている。2月27日付けファイナンシャル・タイムズはミハイル・フリードマン・アルファ銀行（米、EUの制裁対象）会長の書簡（送信日は侵攻開始の翌日である2月25日とされている）に言及し、同氏自身がウクライナ出身であることに触れた上で「戦争は問題解決の答えではない」として反対の意思を表明したことを紹介した。このほかロシア・アルミのオレグ・デリパスカ社長も「平和がとても大切！　できるだけ早く交渉が開始されなければならない」等と投稿するなど、プーチンを名指しで批判することはせず婉曲な形ではあるが、いまの状況に対し満足していないことを表明するようになっている。これらすべては、今回の行動が余りにも大義名分を欠いていることにその根源がある。

（4）稚拙な情報操作

　以上に輪をかけるように、ロシア政権側の情報操作には稚拙さが目立つ。ハイブリッド戦において、情報操作は重要な意味をもっており、今回の軍事侵攻に当たってもロシアはさまざまな形で情報戦を仕掛けてきている。ところが既述のとおり、軍事行動の正当化の論拠としてロシアが標榜する内容は余りに荒唐無稽であり、世界を欺くことはもちろん、どれほど強固な締め付けを行ってもこの情報化の時代に賢明なロシア国民を長期にわたって騙し続けることは困難であろう。そもそも「侵攻はない」「攻撃対象は軍事施設のみ」「ウクライナを占領することはない」等、全くのウソが繰り返されてきたことは言うまでもないが、そのほかの稚拙な情報操作の例を幾つか挙げておきたい。

　2月21日、いわゆるドネック・ルハンスク「人民共和国」を国家承認するに当たってプーチンは政権幹部を招集し、一人一人に賛成するか否かを問いただしたのだが、その様子がロシア・メディアで放映された。そこでナルィシキン対外諜報庁長官が、あたかも生徒が先生に厳しく叱責されるかの如くプーチンにやり込められる場面が放映された。

　映像では当初ナルィシキンがやや遠回りの発言をし、これにいらだちを隠せない様子のプーチンが「人民共和国を国家承認するのかしないのか、どちらなのか」と問いただした。これに対しナルィシキンは狼狽してしどろもどろになり、ようやく「支持する」と答えたのだがロシア語で未来形を使っていたことから、プーチンは「（未来形で今後）支持するということなのか、（現在型でいま）支持するのかどちらなのか」とたたみかけた。これに対しナルィシキンは更に狼狽し、「両人民共和国をロシアに編入することを支持します」と答えた。これに対してはさすがにプーチンも「そんなことはいま議論していない。聞いているのは両国を国家承認するかどうかだ」と言い、これを受けてナルィシキンが「（現在型で）支持します」と答えて、ようやくその場が収まった。

この動画はもちろん演技、「やらせ」の可能性もあるが、そうでないとすれば二つのことを物語っている。一つはナルィシキンのような政権の重鎮でさえ、プーチンがいま何をしようとしているのか正確に把握していないかも知れないこと。もう一つは、いまやプーチン周辺の政権幹部はいずれもプーチンに右にならえ、とにかくイエスと言っておけば良いというスタンスになってしまっていること。そして「やらせ」であろうとなかろうと、この映像はプーチン自身がこのような状況を世界に知らしめることをプラスと考えていることを示している。このような宣伝は今日の国際社会から見れば逆効果であるのみならず、国内世論に対しても決してプラスにならないであろう。

　もう一つ、2月28日、プーチンがミシュースチン首相ほか幹部の計7人と制裁への対応につき協議する場面が放映された。例によってプーチンは恐ろしく長いテーブルの端に座り、首相ほか7人は遙か離れた位置でテーブルに着いている。コロナ対策として座席の間隔を開けることは理解できる。しかしプーチンと首相ほかとの距離は大きく開いていても、首相たち7人は完全に密の状態で着席している。これを見た賢明なロシア人はどう思うであろうか。

　これに対しその後3月5日に放映された、プーチンとアエロフロート女性職員との懇談会の様子は、ざっと数えたところプーチンを含め20名程度の参加者が精々30〜40cmの等間隔で着席している。画像にやや不自然なところがあり、何らかの合成が含まれている可能性は排除されないが、仮にそうであったとしても、プーチンとしては国内向けの映像としてこれまでの配席パターンは必ずしも効果的ではないと判断したのかも知れない。

(5) 法的な擬制による正当化

　プーチンが軍事行動を起こす際に特徴的なことの一つに、合法性の外

観を作り出すということがある。クリミア「併合」の際は、クリミア議会が独立を宣言し、住民投票でロシアへの編入を決定して、これを受けたロシア議会が編入要請の受入れを決議するというプロセスをたどった。これはいきなりクリミアを「奪取した」のではなく、法的に正当なプロセスをたどったという形をとるために行われたものと思われる。しかしながらクリミアは確かにロシア系住民が多数を占めているが、ロシアの支えなくしては国家として成り立たず、このプロセスは法的な擬制に過ぎない。

　今回、ロシアは2月21日にいわゆる「ドネツク人民共和国」「ルハンスク人民共和国」を国家承認し、更に両国それぞれとの間に「友好協力相互援助条約」を締結した。同条約には一方の締約国が他方の締約国内に軍事基地を構築しかつ使用する権利などが認められている。これを受けてプーチンは直ちに部隊をドンバスに侵攻させた。これも法的擬制のパターンである

　これまでプーチンは両「人民共和国」を軍事的に支援しても国家承認をすることはなかった。それはこの地域がウクライナの領土内にあって独立を目指す「内戦状態」にあることが、ウクライナのNATO加盟を阻止することに資するからであり、またウクライナ領内にあって高度な自治を享受し、ウクライナの対外政策に拒否権をもつような地位をもつことで、トロイの木馬にすることができるからである。今回の両「人民共和国」の国家承認という行為は、このような政策の転換を意味する。恐らくプーチンとしては、これまでのメリットを捨て去ってもなお得られる重要な利益があると判断したと思われ、それが即ち、「友好協力相互援助条約」の履行を名目とするウクライナ全土への侵攻であったのではないかと思われる。

　侵攻後に行われた情報操作の最たるものの一つに、侵攻の理由としてのウクライナによる核兵器製造疑惑がある。この点につきプーチンは、

2月24日の侵攻に先立つドンバスの両「共和国」国家承認後の記者会見（2月22日）や、侵攻にかかる声明を打ち出した演説（2月24日）で既に言及しており、また実際にロシア軍は侵攻後直ちにチェルノブイリ原発、続いてザポリッジャ原発の攻撃並びに占拠を行い、更に南ウクライナ原発の占拠に向かっている。ロシアはウクライナに所在する5つの原子力発電施設並びにハルキウの物理技術研究所等の関連施設をすべて占拠する計画と考えられるが、その目的の一つは電力源の5割以上を占める原発をロシアの統制下におきウクライナに圧力を加えること、もう一つはウクライナが密かに核製造を行っていたとする証拠を「発見」し、自身の侵攻の口実に使うことにあると思われる。

しかしながら、ウクライナはIAEAとの間で包括的保証措置協定並びに追加議定書を締結しており、国内にあるすべての原子力関連施設はIAEAの査察の下にあって、これまでにウクライナによる核兵器製造疑惑などというのは全く問題にされていない。

4. ウクライナ侵攻の世界と日本にとっての意味

以上に見たように、今回の軍事侵攻についてはその目的設定並びに手段の両面において奇異なほどに非合理性が目立ち、事態はプーチンの思惑通りには進んでいない。しかしながら、ロシアがウクライナに比して圧倒的な軍事力を有していることには変わりなく、プーチンの判断一つでウクライナ全土の焦土化や核兵器の使用など、人類史に残る非道な行動に出るだけの客観的な能力をロシアが有していることは常に留意しておかなければならない。そのことを念頭に置いた上で、現時点までの事態の進展を踏まえ、今回の侵攻が世界と日本にとってどのような意味をもっているかを考えてみたい。

（1）国家関係において軍事力のもつ意味の再認識

　今回のロシアによる軍事侵攻が国際社会に与えた最も深刻な影響の一つは、誰もが心の底では理解しながら口に出して言うには躊躇を感じる冷厳な事実、即ち国家関係を律する現実的かつ決定的な要素としての軍事力のもつ意味合いが改めて認識されたことである。人類はこれまで何度も悲惨な戦争を経験し、その都度国際社会は英知を絞り戦争をくりかえさないための原則や仕組み、ルールの構築に多大な努力を傾けてきた。今回のロシアの暴挙は、あらゆる手段を講じても、どれほど正義をかざしても、如何にこちらに正当性があっても、結局のところ圧倒的な力の差がある国が一旦決断した場合には、これを阻止することは実際上不可能ということを世界に示すことになった。

　もちろん中・長期的にはさまざまな要因から、徐々に事態を正常化することは不可能ではない。しかしながら力なくして攻められる側は一旦武力攻撃を受けてしまったら甚大な損害を余儀なくされ、その回復には気の遠くなるような人的、物的、そして精神的なコストがかかる。経済制裁は重要な意味をもつが、圧倒的な力の前では結局のところ侵略行為そのものを阻止することはできない。

　今回の侵攻を経て、東欧諸国は更にNATOへの帰属を強め、NATOはますます結束し、非NATO諸国でロシア国境に近い国（例えばフィンランド、スウェーデン）においてもNATO加盟の問題が議論されていくであろう。要するに、ロシアがNATOの東方拡大を阻止しようとして圧力をかければかけるほど、東欧諸国のみならず非NATO諸国もNATOへの接近を一層強めるのであって、ロシアの行動は全く逆効果を生み出しているということである。

（2）法的擬制による侵略を許してはならない

　前述のとおり、ロシアによるクリミア「併合」も今回のウクライナへ

の侵略行為も、いずれもロシアによる一方的な法的擬制が口実の一つとして使われている。このような行動を国際社会は絶対に認めてはならない。日本を含め、世界には特定の外国籍を有する、あるいは特定の国と密接な関係を有する人々が多く住んでいる地域がある。そのような地域に住む人々が住民投票等を行ってある日突然「独立」を宣言し、それを受けてある国が自国への「編入」を認める法手続きを開始すればどうなるであろうか。このようなプロセスを安易に認めてしまうのでは国家は成り立たない。これは、国家というのは如何にあるべきかという意味で極めて重要な論点である。

(3) 体制論の問題：権威主義国家の功罪

コロナ禍が広がり、世界の多くの国がその対策に多大な労力を払っていた頃、中国においては権威主義体制の強みを最大限に生かし、非常に厳しい措置を次から次へと打ち出して、（中国側のデータによれば）感染を抑えることができたとして、このような非常事態においては権威主義体制の方が優れている、民主主義は結局のところ非効率ではないか、等といった議論がしばしば見られた。

　しかしながら今回のプーチンによる侵略行為の余りの非道さを見れば、たとえ時間がかかっても、手続き的に複雑なことがあっても、色んな人たちが好き勝手なことを言ってなかなかまとまらなくても、やはり民主主義体制の方が優れていると、多くの人が認識を新たにしたのではないだろうか。

＊　　　　　　＊　　　　　　＊

【追記】

　本稿は軍事侵攻から数週間後に執筆したものなので、既に8カ月ほどが経過し、執筆後に生じた幾つもの重要な出来事を扱うことができていない。しかしながら8カ月を経ても、本稿が主たる記述対象とした戦争

の基本的性格や評価は変える必要がないと考え、書籍化に当たっても日付のみ明記してほぼそのままの形で掲載させていただいた。ただその上で、これまでの全期間を振り返り、わが国がウクライナ戦争から学ぶことのできるもっとも重要なことの一つとして、次の点を追記させていただきたいと思う。

　今回のロシアによるウクライナ侵攻は想像を絶する人的・物的被害をもたらしたが、それだけにとどまらない。侵攻はこれまで国際の平和と安定のために人類が積み重ねてきた合意や原則を踏みにじり、法的にも政治的にも、そしてもちろん倫理的にも全く許されない行為であるのみならず、軍事的な合理性をも欠き、ロシア自身にとっても何ら利益をもたらさなかった。加えて、コロナで相当程度疲弊した世界経済全体にも更なる打撃を与えた。

　要するに今回のロシアの軍事侵攻は世界中の誰も得をしない、完全に無意味な戦争であったということである。しかしそれでも、侵攻は行なわれた。

　我々が踏まえるべき第一の教訓は、21世紀の今日においてもなお、これほどに無意味かつ残虐な侵略行為が一人の指導者、それも国連安全保障理事会常任理事国という責任ある大国の指導者の決断によって引き起こされることがあるということ、この厳然たる事実をしかと認識しなければならないということである。

　10月下旬にウクライナの対日友好議員連盟の議員団が訪日した。そのうちの何人かとは長時間に亘り意見交換する機会があったが、その中の一人が「自分は爆弾は怖くない。ロシアに占領され拷問にかけられて死ぬよりも、爆弾で一瞬のうちに死ぬ方が良い。我々は最後まで戦う」と言っていた。国会議員としての立場で話しているという面はあろうが、

ここにはウクライナ人が何故に戦うのかという理由が端的に示されている。彼らには全てを失うか、戦うかという二つの選択肢しかなかった。だから戦っているのである。

国連総会では3月2日に141票、10月12日には更に増えて143票という圧倒的多数で、ロシアによる侵略を非難する決議が採択された。これは侵略直後の段階で既にロシアの行為は認められないという国際世論が形成され、それが半年以上たっても変らないどころかさらに拡大してきたことを示している。

米国を始めとする西側諸国はウクライナに対し破格の武器供与を行なっている。しかしながら当初、これは食料、燃料、弾薬、対戦車砲などのいわゆる防衛的装備のみであった。それが3月下旬頃から徐々に変化し始め、いまや攻撃的兵器を含む膨大な兵器が供与されている。財政支援も続けられている。

以上の全ては、断固として戦い続けるというウクライナ人自身の強固な意志がなければ起り得ないものであった。我々にとって第二の教訓は、国際社会の理解、そしてその上での支援はまず自分自身が戦う姿勢を貫いて初めて得られるということである。

ウクライナとロシアとの関係には他国にはない特別のものがあり、他国による第三国との関係と安易に比較することはできない。異なる歴史と環境の中では異なる抵抗の仕方もあるに違いない。しかしながら、以上のことは国家安全保障を支える本質的な要素が何であるかという意味において我々にとって極めて重要である。

あらゆる状況証拠から判断して、ロシアは恐らく数日から数週間程度の短期間で目的を達成できると考えていたであろう。その際ロシアは、ウクライナがこれほど強固な抵抗、これほどの高い戦闘能力を示し、国際社会がこれほど強く反発するとは考えていなかったに違いない。もし

そのような想定をしていたならば、今回のような軍事侵攻には至らなかったのではないか。

　ロシアは軍事侵攻の理由の一つに、ウクライナのNATO加盟の可能性を挙げている。しかしながらウクライナがNATOに加盟できるかどうかの決定権はNATOにあるのであってウクライナにはない。ならばウクライナのNATO加盟を軍事力をもって阻止しようとするのであれば、それはNATOに対して行なうのが論理的だ。しかしロシアは全く決定権のないウクライナを攻撃した。NATOへの攻撃はそれと同等かそれ以上の報復を伴うからに他ならない。

　戦争は絶対に起こしてはならない。今回のウクライナ戦争のような悲劇を繰り返してはならず、それは何よりも事前段階で阻止しなければならない。戦争は一旦開始してしまえば憎悪が憎悪を生み、暴力のスパイラルを引き起こす。我々にとっての第三の教訓は、戦争は必ず事前段階で阻止しなければならないが、そのためには侵略行為が如何なる結果をもたらすかを相手国が想定できるような防衛力並びに安全保障環境を構築することが不可欠だということである。

（掲載日：2022年3月14日　改稿日：2022年11月8日）

代理戦争としてのウクライナ戦争

英国王立防衛安全保障研究所 日本特別代表

秋 元 千 明

秋元 千明（あきもと・ちあき）
英国王立防衛安全保障研究所（RUSI）日本特別代表。
早稲田大学卒業後、NHK入局。以来、30年以上にわたって、軍事・安全保障専
門の国際記者、解説委員を務める。冷戦時代は東西軍備管理問題、冷戦後は湾岸
戦争、ユーゴスラビア紛争、北朝鮮核問題、同時多発テロ、イラク戦争などを専門
的に取材した。一方、RUSIでは1992年に客員研究員、2009年に日本人初のアソ
シエイトフェローに指名された。2012年、RUSI Japan（アジア本部）の設立に伴い
NHKを退職し、アジア本部所長に就任。2019年からRUSI日本特別代表。現在、
大阪大学大学院招聘教授、拓殖大学大学院非常勤講師も務めている。著書として『復
活! 日英同盟』（CCCメディアハウス）、『戦略の地政学』（ウェッジ）等。

ウクライナ戦争が始まって、すでに8カ月あまりが経過した。

米英を中心とした西側諸国は初めの段階ではウクライナ軍の敗色濃厚
とみたのか、火力の小さな旧型の防衛兵器に限ってウクライナに提供し
ていた。ところが、ウクライナ軍の頑強な抵抗でロシア軍が苦戦し、戦
線を後退させるようになると、西側諸国は方針を転換し、精密誘導兵器
を中心に火力の大きい最新兵器を大量にウクライナに提供するようにな
った。いまや米国や英国などはロシア軍を打ち破るまで今後も長期にわ
たってウクライナを軍事支援する方針である。

まさにウクライナのゼレンスキー大統領の頑張りが国際世論の共感を
呼び、西側諸国がそれに引きずられるようにウクライナ戦争への関与を
深めているというのが現実である。

それでは、米英を中心に西側諸国は実際にウクライナ戦争にどこまで

関与しているのか。代理戦争の色合いを濃くするウクライナ戦争の見えない部分について考えてみたい。

マイダン革命後の西側支援

　西側諸国がウクライナの安全保障に積極的に関わるようになったのは2014年に起きたいわゆるユーロ・マイダン革命の後である。

　マイダン革命は当時の親ロシア派のヤヌコビッチ政権に反発した市民らが大勢の死傷者を出しながらも政府の弾圧に激しく抵抗し、政権を転覆させたもので、ヤヌコビッチ大統領や政権の幹部はこぞってロシアに逃亡、亡命した。

　このことはロシアのプーチン大統領の反発を招き、その後のウクライナ領クリミアの併合やウクライナ東部での紛争、さらに今回のウクライナ侵略の契機となった。

　マイダン革命後、NATOを中心とした西側諸国はウクライナの安全を保障するため、ウクライナ政府に協力する形で情報機関と軍隊を西側型の組織に改編する作業に着手した。NATOへの加盟がすぐに実現する見込みがない以上、西側に引き入れる必要があったからだ。

　ウクライナには情報機関としてウクライナ保安庁（SBU）と対外情報庁、さらに国防省に情報総局が存在していたが、それぞれの組織は革命前まで、事実上、ロシア情報機関のウクライナ支局として活動していた。ところが革命によって情報機関の上級幹部たちはほとんどがロシアに逃亡したため、米国と英国の情報機関はウクライナ情報機関との協力関係の構築に努めてきた。

　一方、ウクライナ軍に対しては、近代的な西側型の軍隊に改編するため、主に米国、カナダ、英国から特殊部隊が派遣され、ウクライナ軍兵士の教育、訓練にあたってきた。その訓練のカリキュラムは単なる西側

の戦略や戦術、武器の使用方法を教授するだけではなく、心理作戦や電子戦、情報戦など近代戦において重要な領域までカバーしていた。

こうした情報面、軍事面での西側の協力がマイダン革命後のウクライナ軍の能力を大きく向上させたことは間違いなく、ウクライナに侵攻してきたロシア軍に善戦し、ロシア軍を苦境に陥れている背景にあると言えよう。

また、ウクライナ情報当局との連携によって、ロシア内部の確度の高い情報が西側の情報当局に提供されるようになった。ウクライナの情報機関はもともとロシア情報機関の事実上の下部組織であったため、彼らがロシア国内に持つ情報源としての人脈は革命後の今でも生き続けているからだ。

例えば、ロシアのウクライナ侵略について、米国と英国だけが侵攻開始前からロシアの全面的な侵攻を正確に予測していたが、それはウクライナルートから事前に得た情報であることは間違いない。

戦争が始まって2カ月近くたった4月中旬、ロシア情報機関の連邦保安局（FSB）でウクライナを担当していた第5局の幹部が解任、身柄を拘束され、スタッフ150人が解雇されたことが伝えられた。これは表向き、ウクライナに関する不正確な情報を上層部に報告していたことの責任を問われたことになっているが、実はロシア軍の侵攻計画が事前に漏れていたことの責任を取らされたものだと言われている。

ウクライナ軍の反転攻勢

それでは、ロシアがウクライナに侵攻する直前までウクライナ国内で活動していた西側の特殊部隊は今、なにをしているのか。

実はウクライナ軍の参謀本部や情報局で「コマンドネットワーク」と呼ばれるコードネームを使って、NATO連絡チームとして極秘に活動

を続けている。

　具体的に言えば、ウクライナ軍に作戦面でのアドバイスを与えること
や、西側の情報の提供、通信の妨害と傍受、心理作戦としての情報の発
信、ゼレンスキー大統領らウクライナ政府指導部の安全確保、西側から
提供された兵器の搬入の支援などが任務である。

　その支援がどのように功を奏しているのか。実際の戦況を簡単に俯瞰
しながら考えてみたい。

　ウクライナ軍は火力で勝るロシア軍に対抗するには、ロシアの占領地
域にいきなり真正面から攻め込むのではなく、少し進攻しては撤退する
ことを繰り返し、時間をかけてロシアの戦力を消耗させる戦術に徹して
きた。ロシアには装備も人員も多くあったが、兵士の士気は高くないう
え、西側の制裁でロシアの軍需物資には限りがあることが予想された。
そのため、ウクライナ軍のはじめの戦略は、ロシア軍の装備や兵士を消
耗させ、戦闘能力を削ぐことに重点を置いていた。

　そのために大きな役割を果たしたのが米国や英国などが提供した膨大
な量の兵器である。中でも、対戦車ミサイルや、米国のHIMARS（ハ
イマース）や英国のM270と呼ばれる多連装ロケットシステム、さらに
携帯型の防空ミサイルは戦場でのウクライナ軍の大きな助けになった。

　ウクライナになんらかの支援を行った国は50カ国以上もあり、特に
米国はおよそ400億ドルの軍事支援を行うことを計画している。これは
2021年のロシアの年間の国防予算の60％に匹敵する額である。

　また、各国のウクライナに対する軍事援助は個別にウクライナに提供
されるのではなく、ドイツのシュツットガルトの在欧米軍司令部がウク
ライナへの援助物資の輸送を仕切っており、各国から提供された兵器や
物資を極秘の経路を使ってウクライナに搬出している。

　こうしてウクライナ軍は西側諸国から膨大な量の兵器を受け取り、ロ
シア軍を消耗させる戦術を継続してきた。

5月に入った時点で、ロシア軍はすでに2万人の兵士が死傷したことが推算され、脱走兵や捕虜を加えるとウクライナに侵攻した兵力の30％以上をすでに失っていた。軍隊は一般的に30％以上の兵力が失われると組織的な戦闘ができなくなり、50％を越えると事実上の壊滅状態で、戦闘が不能になると言われている。

　そのため、ウクライナ軍は今年5月中旬、ロシア軍の戦力の低下が顕著になり始めたと判断し、NATO連絡チームの助言を得ながら、ロシアに対する新たな反攻作戦について検討を始めた。

　その時点で、米英を中心とした西側諸国は、ロシア軍は正面攻撃にでることはもはやできず、守備に徹するための十分な戦力も保有していないと判断していた。こうして、ウクライナ軍はロシア軍をウクライナ領から追い出すための作戦を策定し、ウクライナ戦争は新しい段階に進む時期を迎えたのである。

　反攻作戦は「槍先作戦」（Operation Spearhead）というコードネームが付けられ、8月30日、ウクライナ時間で午前7時、作戦が開始された。

　作戦はプランAとプランBの二つの作戦によって構成されていた。

　プランAはロシアが占領しているウクライナの南部地域を奪回する作戦、プランBは東部地域を奪回する作戦だった。

　ウクライナは作戦開始時点で、ロシア軍には東部と南部の両戦線で強く抵抗できる戦力はすでになく、ウクライナ軍が反攻を始めれば、部隊配置の重点を南部か東部の戦線のいずれかに移動せざるをえなくなるだろうと見通していた。その場合、ウクライナ軍はロシア軍の動きに呼応して東部か南部の戦線に張り付いているいずれかの部隊がロシア軍を引きつける陽動を行い、もう片方の戦線で本格的な反攻に出るという計画だった。

　かくして、ロシア軍はウクライナ軍が南部で攻勢に出るとみて、東部戦線の主力部隊を大規模に南部に移動させた。その結果、東部を占領し

ていたロシア軍の守りが手薄になった。それを見たウクライナ軍は東部
で本格的な反転攻勢を始め、南部のウクライナ軍はロシア軍を引き留め
る陽動作戦を開始した。

　その後、ウクライナ軍は10月初めまでの1カ月あまりで、東部ハルキ
ウ州のほぼ全域を解放し、さらに東部の要衝の町、リマンを奪還、さら
に東部へ進軍している。

　一方、南部のウクライナ軍も反撃を強化し、ドニエプル川西岸の占領
地の3分の1を奪還した。ウクライナ軍が反攻作戦を開始して1カ月で
取り戻した領土は、ロシア軍がそれまでの3カ月でウクライナから奪っ
た領土の5倍の面積にあたる。

　他方、ロシア軍は敗走しながらもウクライナ軍の追撃にあい、さらに
多くの戦力を失った。そのため、ロシア軍の占領地域の中には新たな防
御陣地さえ作ることができていない地域も散見できる。

　また、ロシア軍の前線の部隊には後方からの増援も送られず、装備や
物資の補給も十分に行われていないところが非常に多い。その一方で撤
退することや降伏することも禁じられているため、多くの前線の部隊は
前進も後退もできず、ただウクライナ軍の攻撃に耐えるだけの苦境に陥
っている部隊が多いと英国防省では分析している。

　すでに現状では西側が支援するウクライナ軍の火力はロシア軍のそれ
を上回りつつあり、ロシアが大量の動員兵を新たに戦線に送ったとして
も、兵士の士気や戦闘能力、装備の質などを考えると、ロシア軍が再び
ウクライナ軍に対して大規模な攻勢を仕掛けることはほぼ不可能と思わ
れる。

軍事情報の提供

　こうしたウクライナ軍の善戦は西側諸国が提供した最新兵器によって

達成されていると言っても過言ではないが、最も注目されるのは西側の兵器を使った作戦が西側の得た軍事情報によって効果的に実施されているという点である。

どんなハイテク兵器であろうと、正確な情報がなければ有効に使うことはできない。

その情報を提供するため、西側諸国は様々な偵察手段を現地に展開させ、得た情報を現地のNATO連絡チームを介してウクライナに提供している。

具体的に言えば、NATOはAWACS（空中警戒管制機）を常時、ウクライナ周辺や黒海上空に滞空させ、ロシア軍機やミサイルの情報を収集している。米国は無人偵察機グローバルホークなど各種の偵察機を飛行させ、地上のロシア軍部隊の動きを常時監視している。米英の海軍艦艇は黒海の国際水域に展開し、ロシア海軍の活動を監視している。英国はこれらの空域に電子偵察機RC135を展開させて、電子情報を収集している。

さらに、宇宙空間では米国の偵察衛星がウクライナ上空を多く飛行するように軌道が修正され、監視が強化されている。

このうち、特に空からの情報収集にあたっては、時折、ウクライナの領空にまで進出して行われているが、これに対してロシア側が敵対的な姿勢を見せたことはないという。

こうして得られた情報によって、ロシア軍の前線司令部や補給施設、弾薬庫など、軍事的に重要な拠点の位置が割り出される。そして、ウクライナ軍がドローンを飛行させて目標を確認し、西側から提供されたロケット砲や榴弾砲を使って前線よりはるかに後方のロシア軍の拠点を一つ一つ破壊しているのである。米国防総省によればこうしてウクライナ軍によって破壊されたロシア軍の拠点は400カ所以上にのぼっているという。

　このように西側はウクライナに対して単に兵器を供与するだけでなく、攻撃目標に関する詳細な情報を提供しており、このことがウクライナ軍を支える大きな力になっている。

　このほか、ウクライナ軍部隊に対する訓練や教育、作戦に関する助言、戦術の指導も含め、西側諸国が軍事と情報のあらゆる面でウクライナ軍を深く支援している事実も見落としてはならない。

シンクタンクの情報発信

　ウクライナという狭い領域から離れて、国際社会という空間に目を転じるとウクライナ支援のための情報戦がとてつもない規模で行われていることに驚かされる。

　ウクライナ戦争では、ロシアが侵攻を開始する前から、それを察知した米英の情報機関が中心となって情報をメディアなどにリークし、それによってロシアの計画を狂わせようとする情報戦が行われていたことはよく知られている。

　実はその中心的な役割を果たしているのは民間のシンクタンクである。

　英国のRUSI（英国王立防衛安全保障研究所）と米国のISW（戦争研究所）がその一翼を担っている。筆者の立場上、詳細を明らかにすることは避けるが、例えば、英国政府の情報部門は定期的にシンクタンクの専門家を集めて非公式にブリーフィングを行っている。

　その時に提供された情報はもちろんシンクタンクの研究報告に反映されるが、同時にメディアにもリークされる。政府が直接リークするのではなく、シンクタンクを介して行われることが多い。そのほうが社会的に信頼され、情報の拡散効果も大きいという判断からである。

　例えば、ロシアが侵攻を開始する前、世界の多くのメディアや研究者は「ロシアの侵攻などあり得ない」という見解を発信していた。

そうした中で、RUSIだけは2月15日、侵攻開始の9日前、「ウクライナ破壊の陰謀」と題した報告書をネット上に掲載し、ロシアがウクライナ全土の征服を目指した全面侵攻を始めるという分析を明らかにした。報告書は、ロシアがウクライナ北部、東部、南部から侵攻を開始するとして、地図を添付してロシアの侵攻ルートまで詳細に明らかにした。

　それらはすべて実際の侵攻ルートとほぼ重なり、RUSIの正確な分析が高い評価を得た。

　米国では、それまで一般に名前すら知られていなかったISWがほぼ毎日、実際の戦況や今後の見通しを分析し、ネット上に発信している。これを受けて、世界のほとんどのメディアが、ISWの戦況分析をもとにウクライナ戦争の進捗を報道している。本来は一つのシンクタンクでしかないISWの報告はまるで米国防総省が毎日行っているブリーフィングのように正確であり、実際、その情報をベースにメディアは国防総省の記者会見に臨んでいる。

　このように、ウクライナ戦争では様々な情報をわかりやすく伝えるため、専門家集団のシンクタンクが当局とメディアの間に入って、情報発信の架け橋の役割を果たしている点が注目される。

民間情報産業の支援

　情報発信という意味でもう一つ注目されるのは、民間の情報産業が公開情報を徹底的に分析することで、ロシア政府が発信する偽情報やプロパガンダを打ち破ろうとしていることだ。

　ウクライナ軍の各部隊や政府など様々な部局がSNSを通じて、戦況など様々な情報を公開している。その量は膨大で、とても一般人が個別に拾い切れるものではない。また、どの情報も戦争が自軍に有利に進んでいることを強調したい思惑のあるバイアスのかかった情報である。し

たがって、専門家が情報を精査し、確度の高い情報に絞ってわかりやすく発信することが必要になる。

そこで登場したのが「ベリングキャット（Bellingcat）」である。

４月上旬、ロシア軍が撤退した後、ウクライナ軍がブチャに入ると、多くの民間人の遺体が街頭で見つかった。キャリーカートを引きながら家族で移動途中に銃撃された人、自転車に乗って移動中に撃たれた人、なかには自宅から路上に引きずり出されて、後ろ手に縛られたまま頭部を撃ち抜かれた人までいた。こうした事実をブチャに入った西側報道機関は単に映像だけではなく、多くの住民に直接インタビューし、証言を得て報道している。

これに対して、ロシア政府は「ウクライナ政府がでっち上げた偽情報で、映像も遺体も偽物だ」と主張して反論した。偽情報の発信をお家芸とするロシアに「フェイクニュース」と批判されること自体、笑止と言えるが、それでもベリングキャットは公開情報をもとにロシアに徹底的に反論した。

この事件について、ロシアは「遺体はロシア軍が撤退したあと置かれ、しかも映像に映っている遺体は生きている人間が遺体のふりをしているだけだ」などと主張し、実際に遺体が動いたとされる動画まで公開した。

これに対して、ベリングキャットは映像に添付されている時間データをもとに遺体はロシア軍がブチャにいた際にすでに街頭にあったことを論証した。また、ロシアが「遺体が動いた」と主張する動画については「カメラの前の車のフロントガラスについた水滴の移動によってそう見えるだけにすぎない」として、画像を見えやすく加工して、ロシアの主張を覆してみせたのである。

ベリングキャットが公開情報の分析（OSINT）を専門としているのに対して、通信情報（SIGINT）を専門に扱うサイトも登場した。

それがシャドウ・ブレイク（ShadowBreak Intl.）やプロジェクトオ

ウル（Project Owl）、ウクラニアンラジオワッチャーズ（Ukranian Radio Watchers）、NSRIC（Numbers Stations Research and Information Center）などである。

これらのサイトにはウクライナ軍やアマチュア無線家などが傍受したと思われる多くのロシア軍の通信が音声として掲載されている。

「早く燃料を持ってこい」「救援の航空機を早くよこせ」などの会話が収録されていて、全体として、ロシア軍の兵站補給のお粗末さや、ロシア兵の士気の低さなどをうかがわせる情報が多い。

また、戦闘でのロシア軍とウクライナ軍の損害について発信しているのは、軍事情報サイトのオリックス（Oryx）である。

オリックスは政府の発表に加えてSNSなどを通じてネット上に発信された様々な画像や動画を分析し、双方が戦闘で損害を受けた装備を割り出している。

ただ、すべての損害が画像情報としてSNSなどに掲載されているわけではないし、ロシア側の損害が多く掲載される傾向もあるだろう。しかし、実数が正確か否かは問題ではなく、傾向をつかむことが重要である。明らかにロシア軍の損害のほうが大きく、苦戦を強いられていることがオリックスのサイトから読み取ることができる。

そして、これらの情報にウクライナ国内で誰でも自由にアクセスできるようにしたのが米国の民間衛星企業、スペースX社である。

スペースX社は軌道上に多くのスターリンク衛星を配置し、衛星回線を運用している。そして、回線をウクライナ軍に提供し、軍事作戦のための通信手段として使うことを認めている。また、電話やネット回線として、一般市民にもスターリンク衛星を使えるように便宜を図っている。

ロシアは、「ウクライナ政府はNATOが支援するネオナチ政権だ」などとプロパガンダを流布して、ウクライナ侵略を正当化しようとしているが、西側諸国は軍も民間も協力して正確な情報を大量に発信し、情報

戦ではウクライナと共に対ロシア戦に参戦している。

代理戦争なのか？

　このように、ウクライナ戦争では一部の義勇兵を除いては、確かに西側諸国は戦闘には参加していなし、軍事的な介入は行っていない。しかし、軍事、情報、民間のあらゆる面で、西側諸国はすでにウクライナ側に立ち、戦争に深く関与している。

　これを西側がウクライナを利用してロシアに代理戦争を仕掛けていると評する意見もある。その見解は一概に否定はできないが、肯定もしにくい。

　それは「戦争」をどう定義するかによるからだ。

　現代では戦争は軍事だけでなく、情報や民間など非軍事の活動も一体となって取り組むハイブリッド戦の様相を呈している。なにが戦争でなにが戦争でないのか、これまでの概念で明確に定義することは難しく、その境界はますます曖昧になりつつある。

　現代はウクライナ戦争が起きる前から、平和でも戦争でもないグレイな時代だった。その現代にあって、ウクライナ戦争を代理戦争と呼ぶのか呼ばないのか、一概に言い切ることは難しい。

　ロシアのプーチン大統領は、ロシアの言う「特別軍事作戦」、つまりウクライナ戦争に言及するとき、「これはロシアとウクライナの戦いではなく、ロシアと西側の戦いだ」と繰り返し発言している。

　ロシアは常に不正義を正義と言い、虚偽を事実と主張して、プロパガンダを発信し続けているが、このプーチン大統領の言い分だけは正しいように思う。

　　　　　　　（掲載日：2022年6月17日　改稿日：2022年11月1日）

169

第6章

CFIEC国際情勢ウェビナー 「ウクライナ危機後の米中関係 —その変化と展望」

2022年8月1日（月）16：00〜17：30（配信）

ロシアによるウクライナ侵攻は、冷戦後の国際秩序を根底から揺るがしました。その影響は世界の経済、エネルギー、食糧など、様々な分野に及び、戦争の長期化と共により拡大、複雑化しているように見えます。多くの国や地域が外交、安全保障の両面でこれまでの政策の前提や基本路線の練り直しを迫られ、この混迷の先を読み解こうと腐心しています。

本ウェビナーでは、依然として国際情勢の最大のリスクとされる米中関係に焦点をあてます。米中それぞれがウクライナ危機によって受けた影響をひも解きながら、そのことが両国関係の今後にどのような変化をもたらすのか、その変動が今後の世界情勢にどのように波及していくのか。主に外交と安全保障の観点から考察していきます。

パネリストには、現代アメリカ政治研究の第一人者で、防衛大学校長の久保文明氏（兼モデレーター）、現代中国政治研究で卓越した実績を有する東京大学大学院教授の高原明生氏、そして軍事と安全保障、特に米軍と中国海軍戦略に精通するジャパンマリンユナイテッド（株）顧問の香田洋二氏をお迎えし、討論頂きました。

久保文明 （くぼ・ふみあき）氏（モデレーター）

防衛大学校 校長／東京大学 名誉教授。

1979年3月東京大学法学部卒業。1989年12月法学博士（東京大学）。コーネル大学・ジョンズホプキンズ大学・ジョージタウン大学・メリーランド大学客員研究員、2003年東京大学大学院法学政治学研究科教授、2009年パリ政治学院招聘教授、2014年ウッドローウィルソン国際学術研究センター研究員、2021年4月より現職。専門は現代アメリカ政治。

主な著書に『アメリカ政治史講義』（共著）（東大出版会、2022年）、『アメリカ政治の地殻変動―分極化の行方』（編著）（東大出版会、2021年）、『アメリカ大統領選』（共著）（岩波新書、2020年）、『アメリカ政治史』（有斐閣、2018年）、『アメリカ大統領の権限とその限界―トランプ大統領はどこまでできるか』（編著）（日本評論社、2018年）など。

高原明生 （たかはら・あきお）氏

東京大学大学院法学政治学研究科 教授。

1981年東京大学法学部卒業、1983年英国開発問題研究所修士課程修了、1988年同博士課程修了（サセックス大DPhil）、1988年笹川平和財団研究員、1989年在香港日本国総領事館専門調査員等を経て、2005東京大学大学院法学政治学研究科教授、2018年〜2020年に東京大学公共政策大学院院長。2020年10月よりJICA緒方研究所所長を兼務。専門は、現代中国の政治、東アジアの国際関係。

最近の著作に『中国の外交戦略と世界秩序』（共編）（昭和堂、2020）など。

香田洋二 （こうだ・ようじ）氏

ジャパンマリンユナイテッド（株）顧問。

徳島県出身、1972年3月防衛大学校を卒業（16期生）、海上自衛隊に入隊、36年余海上自衛隊で勤務、海自での職域は水上艦。

主要専門教育:海上自衛隊幹部学校「指揮幕僚課程」、米海軍大学校「指揮課程」。主要海上勤務:護衛艦「さわゆき」艦長、第3護衛隊群司令、護衛艦隊司令官。主要陸上勤務：海幕防衛部長、統幕事務局長、佐世保地方総監。自衛艦隊司令官（最終配置）、2008年8月退役。

2009年7月〜2011年7月：ハーバード大アジアセンター上席研究員、「中国海軍戦略」研究。元国家安全保障局顧問（2年間、2016年3月退任）。専門は、軍事と安全保障、特に米軍及び中国海軍戦略。

主要出版物、論文等に、『賛成反対を言う前の集団的自衛権』（幻冬舎、2014年）、『希望の日米同盟、アジア太平洋の海洋安全保障』（共著）（中央公論新社、2016年）、『平成の御代を振り返る・そして未来へ「自衛隊」』（日本戦略研究フォーラム、2019年）、"The Russo-Japanese War, Primary Causes of Japanese Success"（U.S. Naval War College, 2005）がある。

モデレーター挨拶

久保文明防衛大学校校長（以下、久保）：ただいま御紹介いただきました久保と申します。本日、多数の方に参加いただいております。改めてお礼申し上げます。どうもありがとうございます。

　本日は「ウクライナ危機後の米中関係：その変化と展望」と題してセミナーを実施したいと思います。皆様御存じのとおり、本年2月24日のロシアによるウクライナ侵攻は本当に青天の霹靂の出来事でした。これは、長らく根づいていた、厳密に言うと、1945年以降根づいていた国際社会の原則に正面から背馳する行動であると言えるかと思います。国際社会の現実に不満があっても、それは例えば領土や国境など、そういうものに不満があっても、それは外交交渉によって解決すべきであり、力による一方的な現状変更を行ってはならないというのが1945年以降の国際社会の中で守られてきた、あるいは規範として考えられてきた原

則でありました。ロシアの行動はそれに正面から挑戦する行為であったということになります。

　なおかつ、ロシアは核大国でもあります。そして、この侵略をさらに深刻な事態にしたのは、中国がこのロシアによる行動を表立って非難しなかったということにあると思います。全くそれが切り離されていれば深刻度は少し小さかったかと思います。1945年あるいは1991年に次ぐ、あるいはそれに匹敵する大きな変化ということになると思います。

　加えて、今の中国問題がリンクしており、結果として台湾問題の重要性もクローズアップされています。台湾問題は、御存じのとおり、ウクライナ危機以前から深刻であったわけですが、そのウクライナ侵攻後、より深刻になったとも言えると思います。恐らくアメリカがこの問題に今かなり強く反応しているのも、台湾問題とリンクしかねないという懸念があるからだろうと思います。日本政府にもそのような懸念はあると思います。ロシアによる一方的な現状変更の試みが成功してしまうと、「これは国際社会で通るのだ」、「これでやった者勝ちで、やり得になってしまうのだ」という印象がますます強くなってしまうかもしれません。そういう意味で、今のバイデン政権の考え方、あるいは日本政府の考え方も、本来はロシアによる侵略というのは惨めな失敗に終わらなければならないというものだろうと思います。もちろん実際にそうなるかどうかはまだまだ分からない部分があります。そのような問題意識を持ちながら、このウクライナ問題後の米中関係を今日少し掘り下げて考えてみたいと思います。

　最初に、中国問題が御専門の高原さんから今中国はこの問題をどう見ているかということについてお話しいただき、次に、軍事問題の専門家である香田さんから、軍事的な側面から見て今の米中関係はどのように評価できるのか、この辺りについてお話しいただき、その後、私がアメリカの対応についてまとめて話をしたいと思います。どうぞ最後までお

聞きいただければと思います。その後、私どもの間で少し討論をさせて
いただき、残った時間で皆様から頂いた質問を可能な限りピックアップ
したいと思います。

　それでは、まず高原さん、よろしくお願いいたします。

高原明生 東京大学大学院教授のプレゼンテーション：
「ウクライナ情勢を受けた中国の動向」

高原明生氏（以下、高原）：それでは、私からウクライナ情勢を受けた
中国の動向についてお話し申し上げていきたいと思います。

　御案内のとおり、2月24日に侵攻が始まるわけですが、その直前、北
京で冬季オリンピックが開かれて、プーチン大統領が中国を訪問しまし
た。そこで非常に長々しい中ロ共同声明が出されたことを御記憶かと思
います。その内容について詳しくお話し申し上げることはここではしま
せんけれども、あたかも新しい国際秩序を中国とロシアが一緒になって
築いていくのだ、切り開いていくのだ、そのようなマニフェストとも言
えるような内容の非常に長い文章が出たわけです。「両国の友情は無限
である。協力に禁制分野はない」という言い方もあって、両国の固い絆
を世界にアピールした内容でありました。

　ただ、その段階で習近平がプーチンのウクライナ侵攻計画について知
らされていたかどうかは定かではありません。実は多くの中国のマスメ
ディア上では、アメリカが盛んにロシアは侵攻すると言っているけれど
も、何を言っているんだ、そんなことはあり得ないではないかという論
調が圧倒的だったのです。ところが、実際に侵攻がありました。そして
侵攻開始の翌日、2回目となるプーチンと習近平の首脳会談が今度は電
話で行われました。大変興味深い事実があります。皆さん御存じかもし
れませんけれども、その会談内容についての中国側の発表とロシア側の

発表が違っているのです。詳しく申し上げる時間はありませんけれども、ロシア側が発表した習近平の発言内容が注目されました。それによりますと、「習近平は、ロシアの指導者が目下の危機的情勢下で取った行動を尊重すると強調した」というのです。うそをつくとも思えないし、中国側も別に抗議はしていませんので、恐らくこの段階ではロシアの全面侵攻を習近平は是認したというのが侵攻翌日の段階での状況だったと思います。

　ただ、ロシア側はキーウを攻撃したわけですけれども、そこからは押し戻され、戦線が膠着した状況になってまいります。それとともに大変興味深いのは、中国の体制内と言われるような、政権に近い人たちの間から異論が出てきたことです。今のやり方でいいのか、ロシアの肩を持つような政策でいいのかという疑問が表に出てきたということです。

　これも詳しくは申しませんが、例えば国務院でアドバイザー的な仕事をしている上海市党学校の先生が「仮にロシアが勝利しても数年はもたない」と言っています。中国はアメリカとヨーロッパを分断したいわけですが、「西側はこの戦争のおかげでかえって団結してしまった。だから、プーチンとはもう手を切り中立的な立場をやめて世界の主流の立場を取るべきだ」、そういうことを大胆に語っています。元駐ウクライナ大使に至っては「ロシアは既に負けている。2014年もそうだったが、ロシアの侵攻のおかげで欧米はかえって団結し、ロシアの勢力は弱り、

冷戦の延長はもう終わるのだ」というような言い方もしています。それから国防大学の先生は「プーチンは土地の占拠にこだわっているのだけれども、こうしたやり方は間違いである」と言っていますし、中でも一番有名なのは閻学通という、中国で最も名前の知れたリアリストで、習近平にも近いと言われていた人ですけれども、ロシアに対する評価が非常に低いのです。「今やスペインと同程度の経済力である国がグローバルなチャレンジをしていくことができようか、そのようなことができるわけがない」といった言い方までしたのです。

　ところが、習さんはやはりこだわるのです。彼が一旦決めたことで、前言を翻したということはほとんどないと思います。6月15日は習近平の誕生日だったのですけれども、またプーチンとの間で首脳会談をやりました。その内容に関するロシア側と中国側の発表をそれぞれ並べてみるとやはり食い違っているのです。ロシア側の発表では、外国勢力がもたらした安全保障への挑戦に直面して、基本的、根本的な国益を守るというロシアの行動の正当性に中国の国家主席は留意したという言い方になっています。これもやはりプーチンのやり方を支持するという内容であって、現時点に至るまで中国は立場を変えていません。

中国の世界観とロシアへの眼差し

高原：では、中国とロシアが全く同じ考え方でこの戦争に臨んでいるかというと、そういうわけでもないと思います。一致していないところも多々あります。そもそもプーチンが戦争に打って出たということに、中国の多くの人たち、習近平も含め、賛成しているというわけでもないと思います。

　日本でも報道され有名になった2月26日のノーボスチというロシア国営通信のいわゆる勝利宣言、実は「誤配信ではなかったか」と言われて

いる記事があります。「ロシアと新たな世界の到来」というタイトルの記事ですが、ウクライナはロシアに戻ったと書かれており、もう戦争が終わったことを前提にして配信されたような内容です。ウクライナはロシア世界の一部としての自然な状態に戻された、ロシアは欧米に挑戦しただけでなく、欧米の世界支配の時代が完全かつ最終的に終わったことを示したと書かれていました。これを読むと、冷戦に敗れたロシアが、あるいはプーチンが、いわばルサンチマンから戦争を起こしたという印象が得られます。こうした戦争の動機は、中国共産党の特徴でもある徹底したリアリズム、その合理性からすると理解できないのではないかと思います。なおかつ、中国の側は、最近いろいろ問題もあるのですけれども、これまで基本的に上り調子で来てアメリカにチャレンジするという状況にあるわけです。それに対してロシアの側はいわば超大国の座から滑り落ちてきた国であって、その違いもここに感じることができます。

　もう1つの相違点ですが、プーチンは実は戦争直前の2月21日の演説でレーニンを痛烈に批判しているのです。どういうことかといいますと、レーニンたちボルシェビキはウクライナをはじめとするいろいろな民族主義者にあまりにもサービスをし過ぎたと言うのです。要するに、ソ連邦の中に共和国を作ってやったし、憲法上は連邦から離脱する権利まで与えた、その結果としてソ連は解体したわけで、これはあまりにやり過ぎだったと。なおかつ、ソ連邦建国後もロシアがかなり持ち出しで多くの共和国を支えてきたわけですが、これも間違っていたという内容の批判です。それから、3月2日はゴルバチョフの誕生日だったのですけれども、ゴルバチョフにお祝いの手紙を送ってその実績を称えています。もちろん、ゴルバチョフによって東欧やソ連の社会主義が駄目にされたと信じている習近平からすれば、とても受け入れられないことです。

　ただ、中ロの間で似ているところも多い。非常に重要な点として、そもそもどうして中ロが今くっついているかということですが、どちらの

国も最重要事項はアメリカとの戦略的な競争だと認識するようになりました。その結果、世界観が似てきた。アメリカとの関係というレンズを通して世界を見る、そういう世界観を両国とも持つようになったのです。昔、中国は必ずしもそうではなかったと思うのですが、私は中国外交のロシア化が起きているという印象を持っています。その結果として当然実像はゆがんで目に映ります。ウクライナの問題も、中国人はアメリカとの競争の一環としてとらえます。また日本が何をしても、アメリカのお先棒を担いで、アメリカを満足させようとしてやっているに違いないという見方になってしまいます。そういう状況下で中ロ双方にとってお互いのパートナーシップは大変重要だ、だから、習近平はプーチンを見捨てない、ということになります。

　もう1つ似ている点は、独裁的な指導者、そしてごく少数の側近たちによって意思決定が行われているという点です。その人たちの世界観がかなり似てきた。「民主主義はもう失敗した、アメリカ主導の国際秩序は危機にある、中ロが新秩序を主導していくんだ、しかし、カラー革命は危ない、怖い、だから警戒しなければならない」。こうした点は両国の首脳間で共有されている認識ではないかと思います。

　しかし、このような体制は問題をはらんでいます。今言った世界観のゆがみということだけではなくて、独裁者に正しい情報、不都合な真実が伝わっているのかという問題が1つ。そして、たとえ間違いを犯しても、それがなかなか正せないという問題も両国に共通していると思います。中国の場合は今、大きな問題、論争の対象が2つあって、1つはロシア政策、ウクライナ政策なのですけれども、もう1つ大きな論争の種はゼロコロナ政策をどうするかということです。経済に大きな悪影響が出ていることは間違いありません。不動産業も不振で、中国の慣行では建物ができる前から前金やローンを払い始めるわけですが、建物が完成せず建設中止になってもお金は返ってこない、どうしてくれるのだとデ

179

モをする人たちが増えていることは日本のメディアにも報道されています。どこまで社会が不安定化するのか、それによってやはり外交政策にも影響が及ぶだろう、極端な場合には台湾で何かしでかすのではないか、そういった心配の声があることは先ほどの久保先生のお話にもあったとおりです。

　ここは後で香田先生からいろいろと台湾についてもお話が頂戴できると思うのですけれども、とにかく中国側では、今年は党大会があって政治的に非常に重要な年です。その年に台湾に対してアメリカにちょっかいを出してほしくないという強い思いがある。そういう事情もあって、今回のペロシ下院議長の台湾訪問の問題について強い反発を示しているのだと思います。

　1つ注目されましたのは、5年に1回の党大会が開かれる数か月前の7月27日、本日の数日前のことですけれども、中国の数百名の中央委員クラスの幹部を中央党校に集めて総書記が演説しました。党大会の年はこれが慣例になっています。つまり、この秋に迎える党大会の開幕式における中央委員会報告、その基調を示す演説を習近平がしました。全文は報じられないのですが、要約が報道されます。その中で断固として台湾海峡の平和と安定を守るというフレーズが入っていて、その部分をあえて報道しているのです。それも1つのメッセージかなと私には思えました。

日本に求められる競争と協力のバランス

高原：こういう状況下で日本はどうするかということですが、1つ注目したいのはインドの対応です。モディ首相は日本で開かれたQUADの会議に対面に出席した一方で、その1か月後、今度はバーチャルですが、BRICSのサミットにも参加するというしたたかな対応をしています。

インドは中国とどういう関係かというと、御存じのように、ヒマラヤで2年前に大きな衝突があり、今でもあの辺の国境は大変緊張しています。厳しく中国と対峙し、2020年のときはインドの兵隊20人が死んでいるのですが、他方でウクライナ問題についてロシアを非難していません。中国と対立していることが1つの原因かもしれません。ロシアとは関係をつないでおきたいと。また、安いロシアの原油を買いつけていて、したたかだという印象を世界に与えています。一方では今申しましたようにQUADのメンバーでもあり、米日豪との間の軍事訓練もやっているわけです。しかし、他方では上海協力機構のメンバーだし、それからBRICSのメンバーでもあるのです。こうしたインドの対応の仕方からやはり日本も学べるところがあると、私はそのように考えます。

　1つには、日本も地域枠組みを使い分けて、中国と実質的な進展を見るような協力をするべきだと思います。今は競争の側面が際立っているのですけれども、中国とは競争と協力と両方やっていかなければいけないわけです。実際、さまざまな協力も当然ながら進行中でありますし、自由で開かれたインド太平洋と一帯一路の協力も変わらず追求し続けるべきではないでしょうか。

　これで終わりますが、冒頭でお話しした中ロ共同声明の中で「インド太平洋」という言葉が1回出てきます。アメリカのインド太平洋戦略が地域の平和と安定に及ぼす負の影響を強く警戒すると書いてあります。実は中国の首脳は、

日本が唱えるインド太平洋とアメリカが唱えるインド太平洋戦略との違いを認識しています。どこが違うかというと、経済協力と戦略的競争の間の重点の置き方の違いなのですが、中国は日本のインド太平洋とは経済協力の余地を残している。これを私たちはしっかりメッセージとして受け止めるべきではないかと思います。

　私からの報告は以上です。ありがとうございます。

久保：どうもありがとうございました。最後の部分は日本の今後の進路として非常に含蓄が深いところで、後で少しさらに伺ってみたい点でもあります。

　それでは、香田さん、どうぞよろしくお願いいたします。

香田洋二 元自衛艦隊司令官のプレゼンテーション：「ウクライナ危機後の米中関係」

香田洋二氏（以下、香田）：高原さんの非常に温厚で、しかも整理をされ、格調の高いプレゼンテーションの後ですが、私は、ウクライナ戦争というものの影響がどうしてもあると思いますので、ウクライナ戦争の影響と中国、それと中国とアメリカ、そして中国という大きな3つの段落に区切りまして、少し私の考え、特に軍事的なレンズから見た考えを申し上げてみたいと思います。

　まず中国とウクライナ戦争です。これは高原先生と少し違った観点になるかと思います。プーチンさんが今回やったことは基本的な中国の建前から言うと正反対なのです。要するに有無を言わさず自国の主張で他国に侵攻するということですから、これはある意味帝国主義的行動で、中国はこれを強く否定してきたわけです。ただし、現在の対米関係も考えると頭から否定することはできなかった。それと、少し歴史の審判も見つつあるのでしょうけれども、何らかの情報を中国が得ていたことは

恐らく間違いないと思います。その中で強行した。しかし、中国とした
ら100時間で終わるのならいいかなと。これは既成事実を作れるよね、
あまり大きな深刻な論争にはならないだろうということで恐らく黙認し
たところ、実際は非常に拙劣なロシアの軍事行動で5か月を超える消耗
戦に入ってしまった。習近平さんからしたら「何やってくれてんの」と
いうことだと思います。

　特にウクライナ戦争のロシアの大義というのがほとんど国際社会で通
用しないネオナチからの解放とか、要するに現体制を取り去るのだとい
うことで、最終的には全土をロシア化するということを目的に掲げてい
るわけです。習近平さんは独立国の主権の尊重、それと武力による侵害
を否定するという立場を明らかにしているわけで、これはロシアと同じ
舞台に上がることは本当はできないのです。ただ、やはりそうもできな
いということで非常に悩ましい言を左右にする対応になっているという
のが1つの分析と言えると思います。

　まず第一に、ロシアに勝たせてはいけないわけですけれども、仮に有
利な条件で停戦したとしても、恐らくロシアは今後国際社会において確
固たる地位は得られないだろうと思います。その場合、中国はロシアと
抱き合うのかということについては恐らく共産党の中で非常に強い論争
があるのではないかと考えます。

　次に、今までの5か月間の戦争も含めて見たときにアメリカ側の問題
があります。中国はどうしてもロシアに対して縁切り・三くだり半は出
せない。しかし、本音はロシアを二流国だと見ている。先ほど高原さん
が言われましたが、ロシアという国を下り坂で、スペインぐらいの経済
力で、軍事作戦をやらせてもろくなことをやらない、と明らかに見下し
た兆候がある。その1つは、6月15日の電話会談での訪ロ要請に対して、
近い将来は困難、と軽くいなしているのです。そして6月23、24日に
BRICSの首脳会談が開催されました。これについて新華社が報道した

写真があります。中国が合成で作ったもので、著作権の関係でお見せ出来ませんが、その写真では向かって左からブラジル、南アフリカ、習近平さん、インドと各国首脳が並び、プーチンさんが一番右側に置かれているのです。これは明らかにもう二流国扱いですよね。このような上から目線で撮った写真が一部流れているということで、ある意味のシグナルを中国が送り始めたかなということだと思います。

最も重視するのは対米関係

香田：総括しますと、言うことはいっぱいあるのですが、私はやはり中国というのは、ロシアの100倍ぐらい対米関係を優先していたと思います。その中でウクライナ戦争というのは、中国がロシアとの関係で道を誤ると共倒れをしてしまう可能性があるぞ、それは最悪のオプションだぞと考えている。先ほど高原先生が言われましたけれども、中国の実利的な立場から言うと、必要なときはいつでもロシアを切り捨てる用意と覚悟が恐らく北京にあると私は見ています。

　そして、これはアメリカ人に英語を直されたのですが、私が「Marriage in Convenience」と言ったら、「いや、そんな甘っちょろいもんじゃないぞ。Marriage in Good Weather」だと。要するに空が曇ったらすぐ別れるぞということらしいのです。こっちの表現を使えということなので、私は本邦初公開で使っていますけれども、こういう言葉で表すのがいいのではないかという見方もあるのです。

　なぜおまえはそんな根拠のないことを言うのかというと、実はここ数か月の米中の接触を見れば、まさにあらゆる段階で米中はコンタクトしているのです。対立をして、軍事的にもぎりぎりと対峙をしている。その中で、まさしくこの前バイデン・習近平電話会談が行われたわけですけれども、極めて頻繁に米中は国防大臣、国務大臣も含めてコンタクト

している。ところが、米ロはようやくついこの間、ラブロフとアメリカの国務長官とで5か月ぶりに会談をした。ロシアというのはこの程度なのです。それぐらいアメリカと遠いわけで、中国とも同じように遠い。そういう中

で、やはり中国としてはこのまま一緒に最後まで組むということについてはいかがなものかということだろうと思います。

　次に、そういうことで米中を見てみますと、米中対立というとよく日本では台湾が持ち出されます。けれども、これは突き詰めて言うとウクライナ戦争と同根で、いわゆる民主主義・自由社会と独裁専制主義・強権社会との戦争・覇権争いと見るべきです。例えば台湾問題が台湾をめぐる局地戦争で終わると見る方がおられるとしたら、それは楽観的過ぎる見方で、これはアテネとスパルタ以来の人類の極端な価値観の対峙がここでも現れていると見るべきだと考えています。

　そして、今後の米中関係を見ますと、先ほども言いましたように頻繁に接触をしているわけですけれども、アメリカは事ここに至っては中国の米国型社会への変換は諦めたのではないかと思います。しかし、異質の大国関係はしっかりと維持していこうということではないでしょうか。中国は、斜陽で非常に読めないロシアとは異なる本当の大国です。中国の人と話をすると、アメリカは嫌いだと、しかし、すごいぞということを彼らはよく言うわけです。ここによく出ているのだと思うのですけれども、本当の大国として対立もあり、妥協もありという対米関係を維持していくことを中国は求めているのではないかと思います。その政策と

は対立と緊密な対話を両立させていく、しかし、原則は譲らないということ。その中で特に軍事について言うと、軍備競争はこの先恐らく、永遠とは言いませんが、10年、20年のレンジでは続いていくのでしょう。そうすると、現場での対立も収まる気配はないでしょう。そこの焦点が台湾海峡であり、もう1つ南シナ海も忘れてはならないと思います。

台湾有事への備え

香田：そして、米中の対立というのは単なる台湾海峡問題と見てはならない。そこから見ると、日本の焦点というのは、ややぼけてくる。これは先ほど申し上げましたが、米中の本質は価値観をめぐる対立であって、単に台湾の取り合いではないということでしょうね。

　最後に中国、台湾について申し上げますと、今、日本では非常に元気のいい人たちが台湾有事は我が国の有事という。これは間違いではないのですけれども、同時に、やはり米、中とも失うものが大き過ぎるし、最後ウクライナと同じように核戦争まで覚悟した場合、やらないのではないかという意見が結構多いと私は見ています。これは学問的な論考としては十分成立しますし、これはこれで柔軟に考察しなくてはいけないことですが、同時に国家の政策決定としては、仮に万に一つでも起きたときに準備ができていないということはその国民を大混乱に陥れるわけで、準備をしておくということは必要です。最初からない、あるいは中国はやらないのではないか、アメリカは台湾を助けないのではないか、という前提でこのオプションを排除するということはやってはいけないということです。

　特にウクライナの教訓というのは、武力を使ってウクライナに侵攻すると腹を決めたプーチンさんに、西側は3か月にわたって外交攻勢をかけたわけです。結果的には1mmも動かなかった。プーチンに侵攻を許

してしまった。自分たちの希望的観測、あるいは今までのやり方は正し
いのだという思い込みだけで習近平さんに取り組むと間違うのではない
でしょうか。要するに希望的観測に立脚した安保、軍事計画の決定は禁
じ手と考えます。

　では、万に一つの確率として準備をするとしても、いつ起こるのとい
う疑問が出てきます。あるいはどのように起こるのかということですけ
れども、これはthe rejuvenation of the Chinese nation、つまり中華民
族の復興という習近平さんのチャイナドリームというものの発言を考え
た場合、一般論としては2049年、いわゆる建国100年までに何らかの形
で台湾を統治するということについては準備をしておくべきだろうと思
います。今言われている2027年というのは、習近平さんが今年の党大
会を乗り切って、仮に3期目を務められるとして、次の1つのマイルス
トーンとしてはあり得るのかなということでしょうね。

　そして、繰り返しになりますが、台湾事態というものが、もし発生す
るとすれば、米中の台湾をめぐる局地戦、台湾防衛のための、台湾奪取
のための局地戦ということではなくて、米中の覇権をかけた、いわゆる
それぞれの国の価値観をかけた本格的衝突に進む可能性が非常に高い。
これに我々は準備すべきだろうと考えます。

台湾への軍事侵攻の条件

香田：では、中国は本当にやるのかということが次の問題かと思うので
すが、小学生の整理みたいなレベルですけれども、「中国が台湾に軍事
侵攻を決心する条件」ということについて考え、整理をしますと、1つ
目の条件は台湾の国内がもめたとき、あるいは中国の虎の尾を踏むよう
な台湾独立という動きが実際に出たときで、中国はこれをやります。あ
るいは2つ目の条件としては、米国内の台湾に対する世論が分裂をした

とき。これも大きなチャンスです。それから3つ目は、コロナもそうですけれども、パンデミックとか大きな自然災害がアメリカ、あるいはアメリカに関連するところで起きて、アメリカが動けなくなるときです。例えば、福島第一のときに実はアメリカは在日米軍を動かしたのです。アメリカは福島第一に大きな部隊を救援で投入したわけですけれども、同時に戦いへの備えをやっていたわけです。これが軍事力なのです。それがあるがゆえに、アメリカは今でも憲法の規定で連邦軍は国内の事案に介入してはならないのです。国で何があろうと、米軍は国際事態に備えるということが大原則です。そういう社会が混乱した状況、アメリカがそういう能力を失う事態がチャンスということでしょうね。

それから、4番目、5番目についていうと、軍事的にアメリカが何らかの理由で兵力を出せない、あるいは日本が米軍の受け入れができない場合です。やはりハワイから5,000km、アメリカ本土から1万km離れたここで戦いをするとなると、日本なしにアメリカは戦えません。そのため特に5番目の「日本の米軍受け入れ条件」を中国がどう見るかということを冷静に見ていく必要があると思います。

最後の6番目は第2戦線についてです。例えばイランが悪さをする、あるいはバルト三国で火を噴くというようなことが起きるとアメリカは

台湾に集中できない、中国に集中できない。そのため、中国としては格好のチャンスです。これら条件ごとの重みに違いはありますが、幾つかの条件が重なったと北京が見たときに侵攻はあり得るということになると思い

ます。

　では、そのときにどのようにやるのかというと、これも言われていますが、1つ目は台湾人をもって、親中系の人たちに合併してよと言わせるということです。今のウクライナ東部と一緒ですよね。しかし、これは香港で失敗し、ウクライナで大失敗をしたということで、習近平さんは、プーチンさんよ、俺のやることを先にやって大ドジを踏んでくれるなよという気持ちはあるのかもしれません。

　ただし、中国にはこれが一番理想的でしょうから、ロシアはウクライナで失敗したということについての教訓をもう1回研究して、改めてそれを踏まえた平和的統一ということで来ることは十分にあります。

　2つ目は、エネルギー等の台湾封鎖。台湾というのはやはりエネルギー備蓄が弱い国です。日本の10分の1です。そのためこれの封鎖も考えていく必要があると思います。

　最後の3つ目が本格的な軍事侵攻です。本格的な軍事侵攻というのはいろいろなシナリオがありますので、質問のところで少し触れるかもしれませんが、総括しますと、台湾の統一というのは大義であり、必ず実施をする。これは必ずと言っていいと思います。手段は別です。平和的なものもあります。

　今お話しした6条件を中国がどう考えるかということです。そして軍事的オプションについてはやはり常に念頭に置いておくべきだろうと思います。時期については、やはり北京がどう判断をするかということで、これを我々が言うことはできません。ただし、先ほどの6つの条件を我々なりに評価をしたときにある程度の予測はできると思っています。そして、アメリカはそれを前提としたオプション、プランAからプランDかEぐらいまでを準備しているでしょう。これは既にあると私は思いますが、さらにリファインをしていくことで、中国の台湾侵攻が台湾をめぐる局地戦争ではなくて、21世紀中盤以後の覇権をかけた米中の

本格的戦争になるだろうと考えます。

　最後によく聞かれるのが、「香田さん、アメリカ人は本当に台湾人のために戦うのですか」です。答えは「台湾人のためには戦いません」です。「アメリカの利益のために戦って勝つんです。それで勝つからこそ台湾が守られるのです」という論法なのです。そこを忘れてはならないと思います。

　ということで、自衛隊も頑張っています。久保先生が教えている防大の学生を含む自衛官は世界各地で頑張っていますので、よろしくお願いいたします。

久保文明氏のプレゼンテーション：
「ウクライナ危機が映し出した米国の政治と外交の現状」

久保：どうもありがとうございます。防大生に対するエールも含めて感謝いたします。

　それでは、私からアメリカについて話をさせていただければと思います。その前に、今回のウクライナの事件、ロシアによるウクライナ侵略で考えたことというのでしょうか、これがいかに衝撃であるかということを前置きとして申し上げてみたいと思います。

　つまりいろいろな前提が崩れたのではないかと思うのです。例えばこれまでの日本での平和主義的な議論ですと、日本がピュアでイノセントで武器を持たず丸裸でいれば絶対に戦争は起きないということだったわけですけれども、結局言いがかりでいきなり殴られるような形で戦争は起きるのだ、ということが今回のウクライナで結構はっきりしたかと思います。しかも、理屈がネオナチの支配からウクライナを解放するということですが、これはどうでしょうか、どのくらいの世界の人がこれを本当にまともに受け取ることができるのか、全く事実に基づかない言い

がかりとしか言えない理屈だろうと思います。

　日本とウクライナは地理的には本当に遠い国ですが、ただ、残念なことに1つ共通点があって、それはロシアを隣人として持つということです。こういう理屈で戦争をしてくるということになると、もちろん日本はウクライナと違って民族的にロシア人と同じルーツであるとか、そういうことまではさすがに言わないと思いますが、でも、最近の新軍国主義者から日本を解放するのだとか、そういう屁理屈で何かできないことはない。本当に何が起きるか分からないということは多くの人が感じざるを得ないのではないかという気がします。しかも、外交の余地があるかというと、ほとんど外交の余地がない形でいきなり攻めてくるということです。あるとすると、領土を全部よこせとか、今の政府は退陣しろとか、結局ロシアの属国になるしかないような形のオプションのみの外交になるわけで、屈服するか、それともいきなり戦争になるかという、外交の余地が基本的にはないという状況すらあり得るということを自覚する必要があるのだろうと思います。

大きく変わる「これまでの世界」

久保：それから、この侵攻は世界の見方を随分変えたわけですが、それ以前から注目要素はありました。ソ連が解体して1990年代からおよそ今世紀の最初の10年ぐらいまでは「グローバル化された世界」として、非常にフラットな世界経済が想定されていました。例えばある国の自動車会社が儲かると、もちろんそれでその国の雇用や利益が増えるのですが、しかし、それで安全保障上の脅威が生じると考えた人はほとんどいなかったと思います。今は、例えば半導体はどこが作っているか、どういう流れでいつ入手できるのか、あるいはレアアースはどうやって入手できるのか、全てそういうことに気を使わざるを得ない世界経済になっ

てきていて、極端に言うと、例えばトイレットペーパーでもそれを売ることによって得た利益が軍のほうに回っていくという可能性を考えると、それすら警戒しなければいけない。これはかなり極端な見方ですけれども。そういう意味で、フラットでグローバル化された経済というイメージから、現在は恐らく国家主権と国境で分節化された国際経済と見るほかない。それは結局安全保障の観点からそう見ざるを得なくなっているということで、これも大きく世界の在り方が変わってしまったのではないかと思う次第です。

それから、例えば経済的な相互依存関係があれば、深刻な国家対立は起きないのだ、戦争は起きないのだという議論もありましたけれども、例えば天然ガスのように基本的なエネルギーでロシアとヨーロッパ諸国があれほど密接な関係を持っていながら、結局それがもう機能しなくなっている。まさにロシアが天然ガスを武器として使い始めたからです。そのようなところから「相互依存があれば安心だ」という考え方も通用しないことになるのではないかと思います。このように様々な観点から今多くの変化が起きていて、我々自身がそれを的確に把握していく必要があると思っています。

バイデン政権のスタンスと国内世論

久保：アメリカの対応ですけれども、バイデン政権が発足してから予想以上に中国に厳しい対応を示し、先行したトランプ政権の比較的厳しい対中政策を恐らくより体系的な形で引き継いでいるということが言えると思います。ただ、恐らくバイデン政権の考えとしては、アメリカの国力にも限界があり、そのため、1つには余計なところにあまり手を出さないで、むしろ戦線を縮小していきたいという発想があって、アフガンからかなり拙速な形で引いたりした。あるいは多くの国と一緒にやる必

要があると考えて、NATO
との連携を組み直し、立て直
し、または日本、オーストラ
リア等々との連携、QUAD
との連携なども強めた。恐ら
く世界の世論を結集して、可
能であれば中国指導部のほう
に「今の行動様式は世界が受
け入れないよ」と、なるべく
強いメッセージを送りたい。
理想的には、それで中国の行

動様式が変わってくれればオーケーだ、すばらしい、という発想ではな
いか。もちろんそれほどナイーブに信じているわけではなく、うまくい
かない可能性を十分考えて軍事的にもバックアップをしているというこ
とになるわけですが。多国間的なアプローチもバイデン政権の特徴だろ
うと思います。

　そういう中にこのウクライナ問題が飛び込んできたわけです。もちろ
んバイデン政権の対応についてはいろいろ批判もあります。ロシアがウ
クライナ侵攻の準備をしているという情報を結構早く出したのが今回の
特徴でした。他方で、昨年12月の段階でアメリカが直接ウクライナに
米軍を投入することはないと早々とバイデン大統領が言ってしまったの
は、私もそこまで言う必要があるのかと思いますし、多くのアメリカの
ネオコン的なタカ派の人たちがバイデン政権を弱腰と批判する理由でも
あります。アメリカ国内の、特に民主党内の左派に対するメッセージで、
アメリカはそこまでやらないから安心してくれという面もあったのかも
しれません。でも、同時に、バイデン政権の安全保障チームの中には、
中国のほうが主たる問題、敵であって、あまりアメリカがウクライナの

ほうに深く関わってしまうのもリスクがあるのではないか、という発想があったのではないかとも思います。

　全く逆の状況なのですが、1951年にアメリカの統合参謀本部議長のオマー・ブラッドリーという人が議会の公聴会で朝鮮戦争について、「これは間違った戦争だ、ロングウォーだ。間違ったタイミングで、間違った場所で、間違った敵と戦われている間違った戦争だ」という証言をしたことがあります。では、何が正しい戦争かという問題があるのですが、ただ、彼が言いたかったのは、備えなければならないのはヨーロッパ戦線におけるソ連への対応であって、ここで朝鮮戦争に深くのめり込むことは適当でないということがメッセージだったのだろうと思います。今アメリカはロシアと中国を全く逆に見ていますけれども、恐らくそういう発想というのでしょうか、先ほど香田さんのお話にもあったように、もちろん台湾だけに焦点を当て過ぎてもいけませんが、中国に対する警戒を非常に強く持っているということもベースにあったのではないかと思います。

　最近のアメリカでは、共和党も民主党も結構割れている面があります。特に共和党の分裂が非常に顕著です。かつての共和党は、レーガンやジョージ・W・ブッシュ大統領に特徴づけられるようなかなり保守強硬派、あるいはネオコンの人たちが議論をリードしていました。恐らく彼らが主導権を取っていれば、割と強硬な対応、例えばもっと強くプーチンに対して警告を発し、場合によるとウクライナに対して米軍を直接投入するようなことも支持していたかもしれません。そのぐらいやるべきだ、少なくとももう少し大胆にウクライナに武器を支援すべきだという意見が共和党の旧主流派、レーガン派にはあります。ただ、現在の共和党は結構トランプになびいている部分があり、トランプ派のコアの人たちは、むしろ今のウクライナ支援はトゥー・マッチだ、やり過ぎだ、もっとアメリカファーストでアメリカ自身のことを大事にすべきだと考えていま

す。トランプさん自身が何を考えているかは若干不明なのですが、「プーチンはすごいぞ。天才だ」と言ったかと思うと、「俺が大統領だったらこんなことにはならなかった」とも言いますので、ちょっと支離滅裂なのですけれども、ただ、基本的に何するか分からない部分があることは確かだろうと思います。

　恐らく民主党の左派はあまり深入りするのには賛成ではないのですが、でもウクライナの頑張りを見て、左派は比較的今のバイデン政権のアプローチ、つまり、直接軍は投入しないけれども、装備品とか武器を送る、あるいは資金援助をする、そのアプローチには同調していると言っていいかと思います。アメリカの世論は、例えばこれは4月、5月ぐらいですけれども、ロシアに厳しい経済制裁を課すことについては78％が賛成しています。あるいは直接ウクライナに米軍を派遣することに賛成という人は25％しかいません。武器、装備品をウクライナに送ることについては72％の人が賛成しています。ですから、そういう意味で世論は基本的に今のバイデンのやり方を支持していると言ってよいかと思います。

　なおかつ、もう少し今のバイデン政権のやり方が続くかなと感じさせるのは、もちろん政権の方針もかなりこれで固まっていますが、一番大事な、バックアップの法的な権限や資金を提供する権限を持っている議会が、非常に堅固にバイデン政権を支持しているというところにあると思います。武器貸与法（レンドリース）は、昔あった法律を復活させたものですけれども、これは417対10という圧倒的多数で下院を通っています。バイデン政権は、この春に一度つけたウクライナ支援の予算が切れたので、さらに330億ドルの追加予算を議会に要請したところ、議会のほうはその330億ドルでは少ないだろうと400億ドルに書き換えて採決し、下院では368対57、上院では81対11という圧倒的な票差でこれが通っています。アメリカでは、例えば上院は50対50で民主党・共和

党に分かれていて、共和党が1人民主党側に来ただけで画期的な超党派法案とかいうふうにメディアが形容するぐらいなので、81対11というのは本当にスーパーバイパーティザンシップで、最近例を見ないぐらいの超党派体制ができています。

　ただ、これはこの春からの瞬間風速で、これがずっと続くかというと、だんだんこれは怪しくなってくる可能性もあります。もう少しは大丈夫だと思うのですけれども、1つの反対派の核はトランプ派で、そんなにウクライナのことばかり考えなくてもいいのではないのかという人たちです。もう1つは、今のバイデン政権そのもので、バイデン大統領支持率は30％台後半ぐらいで非常に低いです。あとインフレ問題が非常にひどくてガソリン代が高騰していますので、バイデンはプーチンのせいだと言い、共和党はこれはバイデンの大型支出のせいだと言っていますので、この辺りがネックになる可能性もあります。さらに懸念材料として言えば、この11月の中間選挙も、例えば下院で共和党が多数となる可能性がそこそこあると思うのですが、ケビン・マッカーシーという今の共和党の下院指導者は結構トランプに近い考え方を持っていますので、今後、アメリカの議会が超党派で非常に寛大なウクライナ支援を継続できるかというと、この辺り、ひょっとしたら変わってしまうかもしれない。この辺りも見ておく必要がありますし、この戦争が2024年11月の大統領選挙のときまで続いているかどうか分かりませんけれども、最大の懸念はトランプないしトランプに近い考え方を持った人がホワイトハウスに戻ってくることで、これが恐らく世界の秩序にと

ってかなり大きな心配ではないかと思う次第です。

過小評価されがちなアメリカ

久保：同時に、これは中国やロシアのアメリカ観と関係するかと思うの
ですが、先ほど香田さんから6つの要件として、台湾に中国が介入する
可能性のリストがあって、そのうち4つ目、5つ目はアメリカ要因だっ
たと思います。特に中国について言うと、アメリカを過小評価する要因、
インセンティブは結構あるのではないかと感じています。今の中国は多
分2008年の金融恐慌危機ぐらいからかなりはっきりとアメリカは衰退
基調にあるということを言うようになったのではないかと思うのですが、
まだそれが続いている可能性があるかと思います。

　考えてみると、アメリカというのは割と過小評価されやすい国なのか
もしれません。第一次大戦のとき、1917年、多分ドイツもアメリカが
参戦してあれほど威力を発揮すると思っていなかったと思うのです。ア
メリカは結局200万の大軍をヨーロッパ戦線に送りました。これはヨー
ロッパの世界からすると初めてのことで、東から大軍が来たことはあっ
たわけですが、西から海を越えて大軍を送った国はなかったので、かな
り世界を変えた面があったと思います。1941年の日本がアメリカを過
小評価したことは言うまでもないと思いますが、例えば1962年のキュ
ーバ危機のときもソ連はアメリカの対応を弱く見積もってびっくりした
という部分はあるかと思うのです。アメリカは基本的に中でしょっちゅ
うけんかしていますし、そんなにいつも外に対して打って出るという体
制を国民性として作っている国でもないので、そういう意味では本当に
油断が大きい部分もあると思うのですが、ただ、なかなかまとまらない
ところが問題ではありますけれども、一旦国がまとまると、総合的な国
力、経済力、軍事力、技術力等々を考えると、それは恐らく今でも非常

に重要な国で、今NATOやヨーロッパ諸国が結束してロシアに対抗しようとしていますけれども、これも多分アメリカが加わっていないと絶対にそういう方向には行かなかったのではないかと思います。

そういう意味で、これは次のディスカッションにもつながる問いになれればと思いますが、ロシアにしろ、中国にしろ、ややアメリカの反応を過小評価してきた、あるいは今後についても過小評価している可能性はないのか、この辺を少し注意して見ていく必要があるのではないかと思っております。私のほうからは以上です。

ディスカッション：
「中国の対米評価とウクライナ侵攻の影響」

久保：では、議論に入りたいと思います。高原さんと香田さんからもアメリカについてもし御質問があれば私に投げかけていただければと思いますが、私からは、お二人に今のアメリカについての過小評価という部分があるのか、ないのかという問いが1つ。それともう1つは、特に台湾問題を中心に、今回のロシアのウクライナ侵攻が、例えば台湾のことを考える中国指導部の方程式の中で何か変化したのかお聞きしたいと思います。単純に言うと、台湾侵攻の時期が早まったのか、遅くなったのか、あるいはこういうことがあるからこれは簡単にはできないなと思ったのか、より慎重な方向に行くようにするのか、それともむしろもっと今やらなければいけない、あるいはより大胆な方向に発想が行っているのかなど、ウクライナ問題が与えた変化のようなものがもしあれば少しお話しいただければと思います。

では、まず高原さん。

高原：どうもありがとうございます。

まず1点目の中国の人たちのアメリカに対する評価という点なのです

けれども、ここ数年、もう少し正確に言えば2年半ぐらいの間にアメリカに対する評価がまた下がった面は否めないと思うのです。問題はもちろんコロナ対策です。トランプの下で、特に最初の頃かもしれませんが、大混乱したアメリカとは対照的に、習近平の側では武漢の大きな問題を収めることに成功し、そしてほかの国よりも早く経済回復をすることにも成功しました。それを国民にアピールする上で、アメリカの混乱が大変いい宣伝材料になったことは否めないと思います。

　習近平は、東は上り、西は沈むという言い方を内部ではしています。今や我が国は上り調子だと、実際は必ずしもそうではないのですけれども、そうやって国民を鼓舞する、励ます上で、アメリカは衰退していくのだという言い方をする。レトリックとして使っている面もあると思うのですが、そういうことを言い続けていると、何となく本当にそうなのではないかと自分でも思い始めているような気がしています。

　ちょっと話が長くなりますが、台湾のことにつきましては二つの説が内部でもあるかもしれません。その辺の議論のありようは正確には伝わってきませんけれども、今やるべきだという声は常にあるわけです。今回のウクライナの問題で、あるいはアメリカの状況を見てそのように議論する人たちもいるでしょう。しかし、結局何のための統一なのだ、政権の維持だ、と考えたとき、そんな大きなリスクを取る価値が果たしてあるか。ないだろうという声のほうが勝るのではないでしょうか。ですから、手段としては恐らく軍事的なものではなく、これまでも努めてきたような、台湾を内部から変えていくような手法を強化していく。そういう方針に今のところ変化はないのだろうと私は見ています。

久保：香田さん、どうぞよろしくお願いします。

香田：今、高原さんからもあったのですけれども、国内向けの発言とは少し切り離して考えるべきかなと思います。中国の私レベルが接する専門家は、アメリカについて少し下り坂だよね、高度は下がっているねと

いう見方はあるのですけれども、それは急降下ではなくて微々たるもの
で、やはりアメリカというのは本当はまだまだ手ごわい国だということ
は、変な言葉ですが、良心的な中国人は分かっていると思います。そこ
で、そういう人たちが中心になって対米政策をやっているのだろうと期
待もしたいですし、そうだと思います。

　あとウクライナの影響ですけれども、これは一方的な話ですが、香田
自身を中国の参謀本部に置いたとしたら、──これは私が接し得る一般情
報からですが──、「ちょっと待てよ」とブレーキをかけざるを得ない。
なぜかというと、それまで言われていたグリーンソルジャーだのサイバ
ーだの、確かにサイバーなんか使われたわけですけれども、開戦前に言
われていたほどハイブリッドウォーが重要な役割をしたかというと、実
はウクライナが踏ん張ったわけです。ということは、ひょっとしたら、
北京が今までそろばんを弾いていた方程式がちょっと崩れた。少なくと
も係数の要素が例えば大きく取っていたのを相当小さくせざるを得ない
ということが幾つか──、北京の作戦分析当局が冷静で色眼鏡をかけずに
分析をするとすれば──、そういう結果に当然帰結すると思います。そう
なると、台湾侵攻はやるのだけれども、アメリカの力も考えると「今日
明日ではないよね」というのが私は一番正直なところで、そうであるが
ゆえに環球時報とかが（党のメディア世論工作のために）強く出る、と

いう気がしております。

久保：これは本当に私自身の個人的な希望にしかすぎなくて、もちろん今後のロシア・ウクライナ戦争の帰趨はどうなるか分かりませんけれども、例えばヨーロッパ、特にドイツが典型的ですけれども、かなりロシアに厳しく反応した、あるいはスウェーデンとかフィンランドはこれまでの伝統的な外交政策を変えてNATOに加盟しようとした。あるいは国連での表決でも、特に最初のロシア非難では結構批判票がいっぱい出た。こういうのを見て、中国からするとそれなりに驚きであったのではないかと期待して見ているのですが。これは楽観的過ぎますか、そんなことは全然ないですか。

高原：1つは、今おっしゃったとおりです。どれほど世界の主要国を団結させてしまうかということはよく認識できたと思います。それで、先ほどの一部の中国の識者の言い方ですと、例え戦闘には勝ったとしてもロシアは数年以内に駄目になるだろうという言い方があったのと同じように、たとえ戦闘によって台湾を統一できたとしても、中長期的には恐らく中国は非常にまずい状況に陥るのではないかと考える人たちが多くても不思議はない、そう言えるのではないかと思います。

久保：それでは、高原さんから香田さんへのご質問、または私にもし御質問があれば、香田さんから高原さんへ、という形でお願いします。あるいは事前に頂いている質問に答えていただいても結構です。まず高原さん、いかがでしょうか。

台湾有事への条件をどう読むか

高原：ありがとうございます。先ほどの御発言で、やはり今ではないであろうと中国人は考えるのではないかというお話だったのですけれども、挙げてくださった6つの条件が果たして満たされるときが来るだろうか

というのが私から香田さんに対する質問です。

香田：まさに舌足らずだったと思うのですが、あの6つの条件のうち、例えば1つだけでも非常に強いリーダーであればこれをやるのだといくわけです。できれば6つ全部何らかの格好でマルがつくのがいいわけですけれども、例えば4つぐらいでも。しかも重要なことは「北京がどう見るか」ということなのです。我々は、これだととても北京はやらないだろうと思ったら、北京は、いや、やるのだと思って起きたような事態がロシアによるウクライナ侵攻ですから。といって我々が何もしなくていいかというと、先ほどの小学校の夏休みの宿題程度の整理の表なのですけれども、あれを1つの参考としながら、今マルなのか、バツなのか、三角なのかということを常に見ておくということは必要かなと思い、どのように説明したらいいのだろうと相当真剣に考えて、取りあえずたどり着いたのがあの表なのです。より充実させていただいてもいいのですけれども、ただ、重要なことは、我々の論議というのは我々がこう見るということで論議しがちなのですが、問題は「北京のリーダーがあの条件をどう見るか」ということです。これは我々から見たらとても北京のチャンスと思えないけれども、ひょっとしたら北京は「これは自分たちにとってチャンスだ」と思うかもしれない。そこで誤算が生じるのです。そういう意味で冷静に見ていただける1つの指針になればと思って作ってみました。

もしもトランプ大統領だったら

香田：それと、1つだけ申し上げますと、トランプさんが今大統領だったら絶対にNATOの団結はありません。プーチンさんにとって最悪の不運というのは、トランプさんよりはその意味ではましなバイデンさんがいたのでNATOとアメリカがまとまったということだと思います。

久保：視聴申込者の方から「もしトランプが今大統領だったら全く違う展開になったのではないか」という御質問もあったかと思うのですが。もちろんこれは全く仮定のことなので分からないのですが、日本にもかなり強烈なトランプファンがいらっしゃるので、ひょっとしてそういう人たちは気を悪くするかもしれませんけれども、トランプという人はまず予測可能性がないので何をするか分かりません。例えば先ほどお話ししたように、今でも「プーチンはすごいぞ」とプーチン礼賛をしていて、米中首脳会談のときは習近平さんに俺の再選を手伝ってくれとお願いしたとかわけが分からない話がありまして、対立しているのか、いきなり手を結ぶのか分からない部分があります。権威主義の指導者に対して何か素朴な尊敬心を持っている部分があり、あと、これはそんなに証拠があるわけではないのですが、ロシアにかなり弱みを握られているという話もあります。それから大統領のときの行動様式も、例えばウクライナに軍事支援をするにしても、バイデンの息子のことをちゃんと調べたら軍事支援をしてやってもいいぞ、と自分の政敵の調査とアメリカの安全保障政策を絡める議論もしていて、かなりその辺倫理的に問題ではないかなという気がします。

　そういう意味で、例えばトランプさんが大統領であれば、プーチンのこういうウクライナ侵略が起きなかったかというと、それは確信を持って言えなくて、むしろ逆にもっとプーチンは大胆にやったかもしれないし、アメリカの対応がもっと緩かったかもしれない。その辺、私はどちらかというと後者の可能性のほうが大きいのではないかと心配しています。多分プーチン大統領からすると、アメリカではトランプ大統領、フランスではルペン大統領、そのような世界がきっと国際環境としては一番望ましいのではないかと考える次第です。

　それでは、もし何か高原さんから質問に対するお答えでも構いませんし、あれば。次に香田さん、どうぞ。

高原：今の久保先生のお話をお伺いして頭に何が浮かんだかというと、素朴な質問として、そういうトランプさんが何であんなに人気があるのかという、そもそも論です。昔からよく聞かれると思うのですが、どう考えても理解できないことは世界にはいろいろあるのですけれども、今やその1つがアメリカの分断状況とトランプに対する支持で、それについてはぜひ少しお話を頂ければと思います。

トランプ人気とアメリカ分断の深層

久保：ありがとうございます。これについて話し始めると3時間ぐらいかかってしまう可能性があるので手短にさせていただきますけれども、これまでのアメリカの主流の政策であった、例えば寛大な移民政策というのでしょうか、不法移民にもなるべく寛大に接してあげる、なるべく寛大に迎え入れてあげる、それからNAFTAやTPPのような自由貿易政策で工場が海外に行ってしまうことも許容するような政策で、そういうものに対する特に白人の労働者階級の怒りみたいなものがたまっていた。トランプ大統領はそれを2016年の大統領選挙でかなりうまくすくい上げ、代弁することに成功して確固たるトランプファンを作ったというのが1つの大きな理由だろうと思います。ですから、これまでの民主党、共和党を通じてエリートないしグローバリスト・エリート、あるい

はエスタブリッシュメントに対する怨念、ルサンチマンみたいなものを持った人たちが反逆の票を入れたという部分があるかなと思います。それに減税とか妊娠中絶の禁止とかそういう宗教保守の票もくっついていきました。

　ただ、現在は、例えば先ほど紹介したプーチンの侵略に対するトランプ大統領の礼賛などについて、共和党の中でもさすがにまずいのではないかと言う人も出てきました。それから、2021年の1月6日に連邦議会襲撃事件が起きたのですけれども、それに対する下院の調査でトランプ大統領がそれを知っていてかなり煽っていたということもはっきりしてきていますので、それについてアメリカの中でもこのままではまずいかなという議論も強くなってきているかなと思います。

　ただ、トランプに似た人が、例えばロン・デサンティスというフロリダ州の知事がいるのですが、そういう人が代わりに勝つかもしれないので、あまり大差がないかもしれないという議論もあります。もう1つ我々から見て印象的なのは、先ほどちょっと御説明しましたけれども、かつての共和党、国際問題に結構強い対応を示すレーガンやジョージ・W・ブッシュの政党だった共和党が完全に分裂してしまって、アメリカファーストのトランプの支配する政党に変わってしまったというところが、結構世界の安全保障環境を大きく変えているのではないかなと思う次第です。

　それでは、香田さんのほうで何かあれば。

エネルギー依存への教訓

香田：たくさん御質問いただいて、全部お答えしたいのですが、時間もありませんので。ちょっと気になったのがエネルギー問題です。これは英語でweaponization of energyとかmilitarization of natural gasとか言

うのですけれども、ロシアはいわゆる生産工業国ではなく鉱業国です。それで経済を回しているロシアがウクライナ戦争で安全保障上の窮地に陥った場合、石油とか天然ガスを武器として相手を分断し、弱めていく。そして反対の勢力を弱くしていって自分たちの立場を有利にするという大きな戦略で、こういう戦略は昔からあったわけですけれども、今現在もEUは何とか共通の標準的な節約政策で対策を取ろうとしているわけです。しかし、例えばスペインはのっけのはなから反対している。イタリアも6割ロシアに依存しているのに、何だよ、俺のことは考えてくれないのかと思っている。ドイツも強硬姿勢には転じたのですけれども、やはり本音としてはノルドストリーム2をここまでやってきたので、EUの分裂あるいはNATOの分裂には至っていませんけれども、相当不協和音がある。ただし、現在唯一の救いは、それよりもっと強い接着力をウクライナ戦争が作ってくれているわけなのですが、こういう事態が必ず将来も続くとは限らないわけです。

　そのときに結局我々が何を学ばなければいけなかったかというと、実は1941年、昭和16年の日本がまさにそうだったわけです。昭和16年の夏に日本は南部仏印、いわゆる今のベトナム南部に進駐したわけですけれども、これが非常にアメリカの逆鱗に触れたわけです。というのは、

サイゴンから見ますと、フィリピンは南シナ海のすぐ東、南に下がればすぐシンガポールということで、まさにイギリスとアメリカの戦略要衝であるシンガポールとフィリピンが日本の手中に入ることになる。そこでアメ

リカは日本の在米資産を凍結し、日本に石油を禁輸し、ガソリンを禁輸
し、鉄鋼の生産に必要なくず鉄の禁輸もした。実はここで経済的な戦争
としては勝負あったわけです。

　このときに日本の何が無謀だったかというと、要するに日本の工業生
産から軍事活動まで全ての石油の6割5分をアメリカから輸入していた
ということなのです。そのアメリカに牙をむくということは100％無謀
なことなのです。それは今のインドネシアから長期的には回収をすると
いう1つの胸算用はあったのでしょうけれども、基本的に国家の最重要
戦略基盤そのものを潜在敵国に依存をするということ自体が御法度なの
です。

　その後、私なんかがまさに防大を卒業した翌々年に起きたオイルショ
ック、あのとき銀座の灯は全部消え、ガソリンスタンドは土日営業をや
め、今とは全然違う節約を日本はしたわけですけれども、あのときに政
府は何を言ったかというと、原油の輸入先を分散化しますと。あれから
50年たっているわけです。されていないのです。これは政府の無策です。
同じことが起きるわけです。ノルドストリームについても、確かにゴル
バチョフさん、それからエリツィンさんの米ロ雪解けの10年間のとき
にまさかこんなことになると思わないので、地理的に一番近いロシアに
戦略物資であるエネルギーを依存したということは分からないことはな
いのですが、6割も7割も依存するかということです。アメリカも常に
それは危ないぞということは言い続けていたわけです。ところが、そこ
は各国ともやはり原点に返った大原則を忘れていた。この質問について
の特効薬はないわけですけれども、今少なくともほとんどの西側諸国は
アメリカ、オーストラリアを除き資源小国です。そうしたら、今何をや
るべきかというと、この体制の是正、例えば日本でもこの50年間やら
れてこなかった原油、今で言えば天然ガスの輸入先についても、今から
でも遅くはないから、潜在的な対立国、すなわち、先ほど言った価値観

207

の違う国に、1割、2割の依存はまだいいけれども、6割も依存するということはやめるということが、今回のウクライナの戦争が提供した、ある意味物言わぬ、しかし、極めて重要な教訓だと思うのです。これについて、今すぐこうする、ということはできないのです。現状、戦争は始まってしまいましたから耐えるしかないのです。それはスペインが何を言おうと、最後は「困苦欠乏に耐えろ」と言わざるを得ないのです。程度の差はあるでしょうけれども。しかし、日本はこれで本当に国民300万が大被害を被ったわけです。この先を見据えたときに、もう1回こういうことについて各国で大きく抜けていることがありはしないか、1つ視野に入れて考えていただければと思います。

競争と協力は両立できるのか

久保：ありがとうございます。質問の中に、例えば日中関係の改善の方向はいかに、あるいは今緊張化している米中関係の中で日本が橋渡しになれる可能性はあるか等々についてございました。高原さんのお考えはいかがでしょうか。

高原：さっきもちょっと言ったのですけれども、日中関係においては、競争しながら協力するというすごく難しい、複雑な、ねじれたことをやらざるを得ない。少なくとも過去10数年ぐらいはそういうことをやり続けてきましたが、難しさが増している。なぜかというと、日米同盟と中国の間の戦略的な競争は一層激化してきました。しかし、協力については、例えば昨年度の日中貿易だってその前の年と比べてものすごく増えているわけです。これは米中も同じなのですけれども。ですから、どの国も中国に対するアプローチは競争と協力であると思います。この難しいバランスをどうやって取っていくか、ここが頭を悩ませている点です。

　しかし、今の日中関係を見ると、2018年10月の安倍訪中を1つの小

さなピークとすると、そこからずり落ちていくばかりで、競争のほうが前面に出ている状況です。競争をやめるということでは全くなくて、競争しながらどうやって協力のほうを盛り返していくか、それによって関係を安定する方向に向けていくかということが今大事だと思います。先ほど申し上げたことですが、今年は日中国交正常化50周年だし、これをきっかけとして、一対一のバイでやることももちろんなのですが、しかし、他方で日本と中国がともに入っている地域の枠組みが幾つかありますから、そういったものを活用し、ほかの国とも協力しながら、中国との間で協力を語っていくというバランスの取れた関係を目指すのが重要な方向性だと思います。

香田：高原先生に質問なのですが、アメリカは恐らく、1つの大前提として中国を多少の差はあるとしても現在の国際慣習とか、アメリカ化というか、西洋化についてはしない国だと見ていると思うのですが、その中で例えばアメリカと日本あるいは西洋と中国が両立を本当にできる余地はあるのですか。どう見たらいいのですか。

久保：少し補足で、少し違った観点でいくと、日本は今の安全保障環境では、中国に安全保障政策で譲歩するより、むしろアメリカとの関係を緊密化していく方向にますます行かざるを得ないという気がしますし、経済も、これまでは割と素朴に中国をマーケットとしているからということで相互依存関係を深めてきました。けれども、徐々に経済安全保障的な観点から、少しその流れが変わっていく可能性もあるわけです。すると、その中で協力を展開していく要素というか、協力の余地がかなり小さくなっていってしまう可能性もあるのではないかという気もするのですが、その辺はいかがでしょうか。

高原：中国に関して言えば大変なジレンマに多くの国が陥っている。それはどの国もそうだと思うのです。日本について言えば、日中貿易と日米貿易を比べたときにも圧倒的に日中貿易が大きいというのが現状です

から、中国との協力関係をやめるとか、それをやめる方向に向かうとか、リアリスティックに考えてそういうことは今全く考えられない。それが現状なので、どうやってこの矛盾をしたたかに生きていくのかというのが恐らく、日本が考えなければいけない問題ではないかと思うのです。日本だけではないのですけれども。

　中国が今の政治体制を続ける限り、やはり非常に難しい面は残るのです。中国共産党政権は国民にどうやって選ばれているかというと、実は選ばれてはいないわけで、自分たちの支配の正しさを常に証明していかないと国民の支持を失う。支配の正当性を欠いているため、さっき申しましたように、カラー革命をいつも心配しているわけです。いつかカラー革命が起きて自分たちの政権がひっくり返されるのではないかと強迫観念に駆られているわけです。鄧小平以来、開発主義と言っていいと思いますけれども、経済成長で国民に実際の恵みをもたらして支持してもらおうというのが1本大きな柱としてあるけれども、どうしても経済はアップダウンがあるのでそれだけには頼れない。やはりナショナリズムを活用せざるを得ない。そうすると、対外的な摩擦がどうしても生じます。ですので、中国が変わらなければその対外関係は長期的に安定しないのです。

　今のアメリカは前提として「中国は変わらない」ということでやっているわけです。しかし、私だけではないと思いますけれども、日本の中国研究者の多くは、いや、中国が変わらないということはないだろう、現に40年前と比べて中国は大分変わった、昔と同じではありえないと考えます。いや、でも習近平を見ろ、習近平は歴史を逆流させているではないかという声もあるでしょう。しかし、歴史はジグザグに進むので逆コースもあるわけです。中国は大きな国だから、やはり長期的な目で見る必要があると思います。いずれは変わる。しかし、いつ変わるかは誰にも分からない。だから、変わるまでの間、何とか平和を保つように

知恵を絞って対応しなければなりません。そのためには防衛力強化も必要だと思います。しかし、それだけだと対抗、対立が募り、協力の実を得ることができませんから、それと同時に対話も協力もしていくという基本姿勢をとっていかざるを得ないのではないかと思うのです。

久保：アメリカの中には、もちろん中国が中からそっくりいい国になってくれれば一番理想的だけれど、仮に中国の中は今のままでも、ともかく対外政策だけ変えてくれれば大分違うという意見もあります。もちろんそれは一時的なものかもしれないですけれども、その辺いろいろな期待もあるのではないかと思います。

今後の見通しと期待

久保：話が少し飛んでしまうかもしれませんが、今のロシア・ウクライナ戦争の今後の展開を香田さんはどのように予想していらっしゃいますか。

香田：戦争目的、戦略目的がプーチンさんとしてはNATOの東方脅威の阻止とか統治とか言っていますけれども、これは降ろすことができないのだと思うのです。あとウクライナについて言うと、これは完全に祖国防衛戦争ですから中途半端な停戦は受け入れることができない。ということは、私はこれはとことん行くのではないかと思います。どこで止まるかというと、ロシアは今国際的に孤立していますので、戦略物資、戦争資材が底をつくときですよね。ウクライナについて言うと、今度戦

闘員が底をつくときなので、これらについてどちらが先に来るかということでしょう。それを覆すのは難しいですが、相当大きな事案があれば別です。あるいはアメリカがよろいかぶとを着て入っていって止めるとかいうことがなければ、今の報道ベースから見て、恐らくこれはどちらかがどちらかの条件をのまずに最後まで行くということが一番高い公算ではないかなと私は見積もっています。

久保：それでは、最後にクロージングステートメントで中国政治の今後であるとか何かございますか。

高原：今年は党大会がありますので、これから中国政治についていろいろな報道も出てくると思います。経済がとにかくどういう状況になるのか、ゼロコロナ政策との関係もあるので予測が難しいところもあるのですが、やはり日本にとって最も重要な隣国であり、さっき申しましたように最大の貿易パートナーです。今、中国がこけたら日本経済は大変なことになると思いますので、何とかいろいろな意味でソフトランディングしてほしいのですが、中国で何が起きているのかということについて、今はコロナのために東シナ海のこちら側から見なければなりませんので、観察が難しいですね。はらはらしながら見ています。

久保：どうもありがとうございます。私自身が今回のロシアによるウクライナ侵攻を見て、特に日本の中の論調で心配したのが、そもそもNATOの東方拡大がいけないのではないか、中国も割とそういう議論をする傾向があるわけですけれども、要するに東方拡大しないという口約束があったはずだと。本当に約束があったかどうかは微妙なところかもしれませんが、それで、結構どっちもどっちという議論をする人が日本のインテリの中で多いのが少し気になる点ではあります。例えばブダペスト合意という94年の合意があって、これはちゃんと紙に書いた合意で、口約束より重いと思うのですが、それはウクライナの安全を保障するということが書いてあって、ロシアも署名しているわけです。

　そういう意味でアメリカへの対抗心でロシアのほうに少し肩を持ちたいのだろうと思いますけれども、他方で、多くの国がNATOに加わったわけです。旧東欧の国はほとんど加わったし、バルト三国も加わったわけですけれども、それは必ずしもアメリカが無理やりNATOに強制的に入れたわけではなくて、彼らがロシアの陣営にいるのとアメリカの陣営、どちらが安心かということを考えて、結局自分の選択としてNATOのほうを選んだわけです。結局その辺でNATOの東方拡大というか、むしろ東ヨーロッパ諸国の西方移動みたいな部分が結構あるわけで、今回のフィンランドとスウェーデンの選択もその延長線上にあるのだろうと思います。そういう意味で日本の中での見方ももう少しその辺の事情を改めて深く見直す必要があるのではないかと思うこともあります。

　それでは、今日いろいろな角度から米中関係を中心にウクライナ後の展開を見ることができたと思います。長い間お付き合いいただきました視聴者の皆様、誠にありがとうございます。討論はこれで終わりにしたいと思います。ありがとうございました。

　本稿は、2022年8月1日、「ウクライナ危機後の米中関係：その変化と展望」と題してCFIECが開催した「国際情勢ウェビナー」の内容を本書掲載のため、一部編集、再構成したものです。

装丁・組版 ●星島正明

一般財団法人 国際経済連携推進センター
（CFIEC：Center for International Economic Collaboration）

経済・技術の交流、デジタルデータ流通の拡大等を通じたわが国と海外諸国・地域
との経済連携を推進することによりわが国の経済社会のグローバルな発展に資す
ることを目的とし、各種調査・事業活動を展開している。
●https://www.cfiec.jp/

ウクライナ侵攻と世界
岐路に立つ国際秩序

令和5年1月15日　第1刷発行

著　　　者	一般財団法人 国際経済連携推進センター
発 行 者	皆川豪志
発行・発売	株式会社産経新聞出版
	〒100-8077東京都千代田区大手町1-7-2産経新聞社8階
	電話 03-3242-9930　FAX 03-3243-0573
印刷・製本	株式会社シナノ
	電話 03-5911-3355